연세 한국어 4-1

연세대학교 한국어학당 편

연세대학교 대학출판문화원

연세 한국어 **4-1**

편저자 연세대학교 한국어학당 교재편찬위원회
집필진 조현선·한송화·소지영·최명온
발 행 연세대학교 대학출판문화원

주소 서울시 서대문구 연세로 50
전화 02) 2123-3380~2
팩스 02) 2123-8673
ysup@yonsei.ac.kr
http://www.yonsei.ac.kr/press

등록 1955년 10월 13일 제9-60호
인쇄 동국문화(주)
삽화 디투웍스
녹음 (주)반도음반
성우 곽윤상·윤미나·전광주·홍소영

2013년 3월 5일 1판 1쇄 2021년 6월 17일 1판 11쇄
ISBN 978-89-97578-92-4 (08710)
ISBN 978-89-97578-91-7 (08710) (세트)

값 20,000원 (CD포함)

머리말

국내 최고의 명성으로 한국어 교육의 50년 전통을 이어 온 연세대학교 언어연구교육원 한국어학당에서는 한국어 교육의 질을 높이기 위해 그 동안 많은 교재를 편찬해 왔다. 최근 한국과 한국 문화에 대한 세계인들의 관심이 높아지고 한국어를 배우고자 하는 해외동포와 외국인이 늘면서 한국어 교재에 대한 학습자들의 요구도 다양해졌다. 이에 따라 연세대학교 언어연구교육원 한국어학당에서는 다양한 학습자들을 대상으로 한국어와 한국 문화를 교육할 수 있는 새로운 교재를 출간하게 되었다.

연세대학교 언어연구교육원 한국어학당에서 출간하는 이 교재는 한국어 초급 학습자를 위한 '연세 한국어 1'과 '연세 한국어 2', 중급 학습자를 위한 '연세 한국어 3'과 '연세 한국어 4', 고급 학습자를 위한 '연세 한국어 5'와 '연세 한국어 6'의 총 6권으로 되어 있다. 각 교재는 학습자들의 한국어 능력에 따라 필요한 여러 가지 유형의 의사소통 기능을 집중적으로 향상시킬 수 있도록 구성되었다.

'연세 한국어'는 한국어 학습 단계별로 요구되는 내용을 주제로 대화가 구성되었으며 어휘와 문법에 대한 집중적인 연습뿐만 아니라 말하기, 듣기, 쓰기, 읽기 능력을 균형 있게 향상시킬 수 있도록 다양한 과제와 활동으로 구성된 통합형 교재이다. 또한 학습자들이 흥미를 가질 수 있는 주제와 장면을 기초로 여러 가지 의사소통 기능을 수행하면서 학습자가 중심이 되어 한국어를 배우고 익힐 수 있도록 배려하였다.

'연세 한국어'가 연세대학교 언어연구교육원 한국어학당에서 공부하는 학생들뿐만 아니라 한국어를 정확하게 이해하고 구사하려는 모든 한국어 학습자들에게 도움이 되기를 바란다.

연세대학교 언어연구교육원
한국어학당 교재편찬위원회

일러두기

- '연세 한국어 4'는 한국어를 배우려는 외국인과 교포 성인 학습자를 위한 중급 단계의 책으로 내용은 총 10개의 과로 이루어져 있으며, 각 과는 5개의 항으로 되어 있다. '연세 한국어 4'는 중급 수준의 한국어 숙달도를 지닌 학습자가 꼭 알아야 할 주제를 중심으로 구성되었으며 이와 함께 필수적인 어휘와 문법, 문화와 사고방식을 소개함으로써 한국에 대한 이해를 넓히고자 하였다.

- 각 과의 앞에는 해당 과의 제목 아래에 각 항의 제목과 과제, 어휘, 문법, 문화를 제시하여 각 과에서 다룰 내용을 한 눈에 알아보기 쉽게 하였다. 그리고 매 과의 마지막 항은 복습 항으로, 그 과에서 다룬 내용을 종합적으로 복습할 수 있도록 하였다. 문화 부분은 각 과의 주제와 관련된 내용을 선정하여 다루었다.

- 각 과의 제목은 주제에 해당하는 명사로 제시하였으며, 각 항의 제목은 본문 대화 부분에 나오는 중요 문장으로 제시하였다.

- 각 항은 제목과 학습 목표, 도입 그림이나 사진, 도입 질문, 본문 대화, 어휘, 문법 연습, 과제로 구성되어 있다.

- 학습 목표에는 학습자들이 학습해야 할 의사소통적 과제와 어휘, 문법을 제시하였다.

- 도입 질문은 주제와 기능을 쉽게 이해할 수 있는 도입 그림이나 사진과 함께 제시하여 학습자로 하여금 주제와 과제에 대한 흥미와 호기심을 가질 수 있도록 하였다.

- 본문 대화는 각 과의 주제와 관련된 가장 전형적이고 대표적인 대화 상황을 8명의 주요 인물과 그 주변 인물들의 일상생활을 중심으로 설정하고자 하였으며 각각 3개의 대화 쌍으로 구성하였다.

- 어휘는 각 과의 주제나 기능과 관련된 어휘 목록을 선정하여 제시하고 연습 문제를 통해 확인하도록 하였다. '연세 한국어 4'에서 새로 다룬 단어는 약 600개이다.

- 문법 연습은 각 과에서 다루어야 할 핵심 문법 사항을 각 항마다 2개씩 추출하여 문법의 의미와 기능을 중심으로 연습할 수 있도록 구성하였다.

- 과제는 학습 목표에서 제시한 의사소통 기능에 부합되는 것으로 각 항마다 2개를 제시하였다. 특히 과제 1은 각 항에서 다룬 주요 문법을 활용한 과제 활동으로, 과제 2는 각 항의 핵심 기능을 종합적으로 수행하는 통합 활동으로 구성하였다. 과제에서는 말하기, 듣기, 읽기, 쓰기의 네 기능을 적절히 제시하였다.

- 각 과의 마지막 부분에는 문화와 문법 설명을 제시하였다.

- 문화는 각 과의 주제와 관련된 한국 문화를 학습자의 눈높이에 맞추어 쉽게 설명하는 방식으로 기술하였다. 또 각 나라의 문화와 비교해 보거나 자신의 경우를 말하게 하는 등 비교문화적인 관점을 바탕으로 언어 학습 활동과 연계하도록 구성하였다. 그리고 그 내용이 문화적 지식에 그치지 않고 한국어 능력과 통합적으로 학습될 수 있도록 하였다.

- 문법 설명 부분에서는 해당 문법에 대해 설명을 붙이고 각각의 예문을 제시하였다.

- 색인에서는 각 과에서 다룬 문법과 어휘를 가나다 순으로 정리하였으며 해당 본문의 과와 항을 함께 제시하였다.

차례

4-1

4-2

내용 구성

	제목	소제목	과제	어휘	문법	문화
01	나의 생활	살다가 보니 적응이 됩니다	살고 있는 곳 소개하고 추천하기	주거 환경 관련	-다가 보니 -긴 하는데	서울의 외국인 마을
		저희 어머니나 다름없는 분이에요	회고록 쓰기	감정 관련 어휘	-었더라면 이나 다름없다	
		시간을 낭비하지 않도록 계획을 세우세요	시간 관리, 계획하기	계획 관련 어휘	-도록[1] -는다고 해서	
		다른 사람도 도와 가면서 살아야겠어요	가치 기준 이야기하기	가치 기준 관련 어휘	-는다 -는다 하는 게, -어 가면서	
02	사람의 성격	수줍음을 많이 타는지 말이 없어요	성격 묘사하기	성격 관련 어휘	-는지 -다가 보면	체질과 성격
		상상력만 풍부하면 뭘 해요?	적성 알아보기	직업 관련 어휘	-더니[1] -으면 뭘 해요?	
		일을 시작했다 하면 끝까지 해요	성격과 환경과의 관계 토론하기	환경 관련 어휘	-을 게 아니라 -었다 하면	
		귀 기울여 듣지 않으세요	뉴스 듣고 요점 파악하기	질병 관련 어휘	-을 뻔하다 -는다기에	
03	일상의 문제	교환을 하고 싶어요	교환이나 환불하기	교환, 반품 관련 어휘	-기에는 -고 보니	이웃사촌
		그렇게 시끄러워서야 어디 쉴 수 있겠어요?	인터넷 답글 쓰기	피해 관련 어휘	-어서야 어디 -겠어요?, -는다고 해도	
		도대체 잠을 잘 수가 있어야지	이웃과의 분쟁 해결하기	분쟁 관련 어휘	-었더니 -을 수가 있어야지	
		하숙비 반을 돌려주셔야지요	계약 때 주의사항 충고하기	계약 관련 어휘	-어야지 그렇지 않으면 -었으면 -고 얼마나 좋았겠어요?	
04	현대 한국의 문화	스트레스도 풀 겸 노래방에 갈까요?	놀이 문화 비교하고 소개하기	놀이 관련 어휘	-을 겸 -는다던데	한국의 말맛
		이젠 저도 뜨거운 음식에 익숙해졌는걸요	음식문화에 대해 발표하기	맛 관련 어휘	-는걸요 에 비하면	
		무슨 말인지 알아듣기 어렵던데요	설명문 읽고 정리하기	인용 관련 어휘	-는다고들 하다 -건 -건	
		바쁠 텐데 동호회 활동도 해요?	여가 생활에 대한 인터뷰하기	여가생활 관련 어휘	이며 여간 -지 않다	
05	시간과 변화	기술이 나날이 발전하고 있어요	과거와 현재 비교하여 설명하기	시간 관련 어휘	만 해도 -다가는	한국의 가족
		요즘은 맞벌이를 안 하고서는 생활하기 힘들어요	결혼관 조사하여 발표하기	결혼 관련 어휘	에 의하면 -고서는	
		감시 카메라로 인해 스트레스를 받는 사람들도 많다는데요	무인감시카메라 설치에 대해 토론하기	권리 관련 어휘	로 인해 에 달려 있다	
		오래 있다 보면 변화를 못 느끼는 법이에요	의식 변화에 대해 이야기하기	사고방식 관련 어휘	-더니[2] -는 법이다	

	제목	소제목	과제	어휘	문법	문화
06	지식과 사회	잘못된 정보로 인해 실수를 하는 수가 있어요	정보 이용 방법에 대해 조언하기	보고서 작성 관련 어휘	만으로는 -는 수가 있다	인터넷 예절
		드라마든 뉴스든 가리지 않고 봐요	TV의 영향에 관하여 읽고 토론하기	방송 관련어휘	-는 축에 들다 -든 -든	
		마치 마주보고 대화하는 것처럼 느껴져요	인터넷에서 정보 찾기	인터넷 관련 어휘	마치 -는 것 처럼 -는다고	
		신문을 읽으면 상식이 풍부해져요	신문의 기능 토론하기	신문 관련 어휘	-는가 하면 -는 게 틀림없다	
07	미신	제가 축구 경기만 봤다 하면 져요	추론하며 읽기	운명 관련 어휘	따라 -을걸 그랬다	한국의 민간 신앙
		이름을 빨간 색으로 쓰면 안 돼요?	금기 소개하기	미신 관련 어휘	-는다더라 -네 -네 해도	
		사주 카페에 한번 가 볼까요?	예시 들어 글쓰기	일생 관련 어휘	-는 김에, 설마 -는 건 아니겠지요?	
		오늘 좋은 꿈을 꿨어요	꿈에 대한 글 읽고 정리하기	꿈 관련 어휘	도 이지만 -는다면야	
08	생활 경제	저축 상 타신 걸 축하드립니다	돈 모으는 방법 소개하기	소비, 지출 관련 어휘	-을 따름이다 -으니만큼	한국의 속담에 나타난 경제 의식
		은행에 저축하는게 최고예요	경제 관련 글 읽고 비교하기	비용 관련 어휘	-자면 대로	
		신용카드로 결제가 안 되는 바람에 당황했어요	신용카드의 장단점 듣고 요점 파악하기	신용 카드 관련 어휘	-는 바람에 -었으면야	
		광고를 보면 사고 싶은 마음이 들게 마련이죠	광고의 특성 이해하고 광고 만들기	광고 관련 어휘	-으나마나 -게 마련이다	
09	명절과 축제	복 많이 받으라고 덕담을 하지요	명절이야기 읽고 이해하기	설 관련 어휘	-으라고 -는다든가	정월대보름
		추석 때는 고속도로가 붐벼요	명절에 대해 조사하고 발표하기	접두사	왜 -지 않겠어요? 으로 봐서는	
		강릉에서 하는 단오제에 갔다 왔어요	축제에 대한 글 읽고 정리하기	축제 관련 어휘	-던가요? -도록2	
		한국에는 5월에 기념일이 많은 것 같아요	기념일에 대한 의견 듣고 토론하기	기념 관련 어휘	그러고 보니, 그렇다고 -을 수는 없지요	
10	현대를 살아가는 사람들	자꾸 시계를 보는 버릇이 생겼어요	고민 듣고 이야기 하기	일중독 관련 어휘	-게 -을까 보다	한국인의 여유
		물질만능주의가 어제 오늘의 일은 아니지요	단락 주제 파악하기	사상 관련 어휘	-는 셈이다 이라야	
		신경 쓰는 만큼 건강하게 살 수 있어요	핵심 내용 정리하기	건강 관련 어휘	으로는 -을 필요가 없다	
		의사소통이 단절되어 문제가 나타납니다	논리적인 글쓰기	담화 표지	-고자 -음에 따라	

나 오 는 사 람

톰슨 제임스
미국 기자

요시다 리에
일본 은행원

제임스의 하숙집 친구

츠베토바 마리아
러시아 대학생

제임스의 반 친구

왕 웨이
중국 회사원(연세무역)

제임스의 반 친구

김미선
한국 대학원생

마리아의 방 친구/민철의 여자 친구

정민철
한국 여행사 직원

미선의 남자 친구

이영수
한국 대학생

제임스와 리에의 하숙집 친구

오정희
한국 회사원(연세무역)

웨이의 회사 동료

제1과 나의 생활

01
제목 | 살다가 보니 적응이 됩니다
과제 | 살고 있는 곳 소개하고 추천하기
어휘 | 주거 환경 관련 어휘
문법 | -다가 보니, -긴 하는데

02
제목 | 저희 어머니나 다름없는 분이에요
과제 | 회고록 쓰기
어휘 | 감정 관련 어휘
문법 | -었더라면, 이나 다름없다

03
제목 | 시간을 낭비하지 않도록 계획을 세우세요
과제 | 시간 관리, 계획하기
어휘 | 계획 관련 어휘
문법 | -도록[1], -는다고 해서

04
제목 | 다른 사람도 도와 가면서 살아야겠어요
과제 | 가치 기준 이야기하기
어휘 | 가치 기준 관련 어휘
문법 | -는다 -는다 하는 게, -어 가면서

05
정리해 봅시다

- 문화
  서울의 외국인 마을

01 살다가 보니 적응이 됩니다

학습 목표 ● 과제 살고 있는 곳 소개하고 추천하기 ● 어휘 주거 환경 관련 어휘 ● 문법 -다가 보니, -긴 하는데

위 사진을 보고 여러분은 어디에 살고 싶은지 이야기해 보십시오.
지금 살고 있는 곳은 외국인이 살기에 편합니까?

CD1:01~02

마리아 안녕하세요? 이렇게 만나게 돼서 반가워요. 외국생활이 처음이라고 하던데 불편한 것은 없어요?

반 친구 글쎄요, 처음에는 외국 생활에 겁이 많이 났었는데, 살다가 보니 어느 정도 적응이 되는 것 같아요.

마리아 다행이네요. 그런데 집이 이태원이라고 하셨지요? 거긴 시내와 가까워서 살기 편하시겠어요.

반 친구 편하긴 한데 좀 시끄러워요. 그래서 다른 데로 옮길까 생각 중이에요.

마리아 그럼 저희 집 근처로 오세요. 아주 조용하고 주변에 외국인이 편하게 이용할 수 있는 시설들이 많아요.

반 친구 그래요? 그럼 한번 가 봐야겠군요.

겁
적응
다행이다
시설

어휘

도심	주택가	도시 근교	고층 건물
편의 시설	한적하다	번화하다	쾌적하다

01 지금 살고 있는 곳과 앞으로 살고 싶은 곳을 표현하는 어휘를 쓰십시오.

〈지금 살고 있는 곳-도심〉		〈앞으로 살고 싶은 곳-주택가〉	
• 복잡하다	•	• 편리하다	•
•	•	•	•

02 빈칸에 알맞은 어휘를 쓰십시오.

저는 조용한 주택가보다는 **고층 건물** 이나/~~나~~ 사람이 많은 .... 은/ㄴ 곳을 좋아해서 .... 의 오피스텔에 삽니다. 차가 많아서 좀 복잡하고 시끄럽긴 하지만 근처에 쇼핑센터나 영화관, 은행, 병원 등 .... 이/가 많아 아주 편리합니다.

여기는 제가 사는 곳이에요. 저희 집은 도심에서 좀 떨어진 .... 에 있어요. 시내까지 나가려면 시간이 많이 걸려서 좀 불편해요. 하지만 사람이나 차가 많지 않아 복잡하지 않고 .... 어서/아서/여서 참 좋습니다. 거리도 깨끗하고 공기도 맑아 정말 환경이 .... 습니다/ㅂ니다.

문법 연습

-다가 보니

01 매일 하는 일이 있습니까? 그런 일에 대해 이야기해 보십시오.

매일 하는 일	결과
1) 아침을 안 먹고 학교에 다닌다.	건강이 많이 안 좋아졌다.
2) 매일 신문을 읽는다.	
3) 매일 쉬지도 못하고 일만 한다.	
4) 한국말 연습을 매일 한다.	
5) 매일 같은 음식만 먹는다.	

1) 아침을 안 먹고 학교에 다니다가 보니 건강이 많이 안 좋아졌어요.

2) 매일 신문을 읽다가 보니

3)

4)

5)

-긴 하는데/한데

02 좋은 점과 나쁜 점을 쓰고 이야기해 보십시오.

	좋은 점	나쁜 점
1) 외국 생활	자유롭다	외롭다
2) 인터넷 쇼핑		물건이 배달될 때까지 기다려야 해서 불편하다
3) 기숙사	값이 싸고 학교에서 가깝다	
4) 도시 생활		복잡하고 시끄럽다
5) 여러분의 친구	친절해서 친구들을 잘 도와준다	

외국에서 생활하시기가 어때요?

혼자 생활해서 자유롭긴 한데 외로울 때도 있어요.

과제 1 말하기

여러분의 한국 생활에 대해서 [보기]와 같이 이야기해 보십시오.

안녕하세요? 마리아 씨, 한국에 오신 지 1년쯤 됐는데 한국에서의 생활은 어떠세요?

[보기]

아주 재미있어요. 한국 생활이 저한테 잘 맞는 것 같아요. 지금 사는 곳은 시내 중심가가 아니라서 **불편하긴 한데** 이웃 사람들이 정이 많아서 참 좋아요. 처음에는 음식이 입에 안 맞아서 좀 힘들었는데 **먹다가 보니** 이젠 익숙해졌어요. 그리고 학교 친구들과 자주 **만나다가 보니** 친해져서 이젠 형제 같아요.

과제 2 읽고 말하기

01 여러분은 지금 어디에 살고 있습니까?

1) 다음 표에 여러분이 사는 곳에 대해 간단히 써 보십시오.

내가 사는 곳	편리한 점	불편한 점
신촌	• 음식점이 많다 • 외국사람을 위한 하숙집이 있다 • • •	• 시끄럽다 • • • •

2) 위에 쓴 것을 이용해서 여러분이 사는 곳을 소개해 보십시오. 여러분이 한국에 처음 왔다면 어디에 살겠습니까?

02 다음은 서울에서 외국인이 많이 사는 곳에 대한 소개입니다.
여러분은 소개된 동네 중에서 어디에 살고 싶습니까?

이곳은 일본 사람들이 많이 모여 살아 '리틀도쿄'라고도 불리는 동부이촌동입니다. 이곳은 아파트 가 많습니다. 간판도 일본어로 표시된 곳이 많고, 가게에서 일본어가 통해 일본 사람들은 고향처럼 편안함을 느낀다고 합니다.

이곳은 한옥이 많이 모여 있는 안국동입니다. 한옥 은 아파트보다 좀 불편할 수 있지만 요즘은 현대식 으로 고친 곳들이 많아서 옛날보다 좋아졌습니다. 이곳에서 살면 한국의 문화를 몸으로 느낄 수 있고, 종로 등 시내가 가까운 데다가 아주 조용합니다.

이곳은 외국인 관광객들이 구경도 하고 쇼핑을 하기 위해서 꼭 한번 들르는 이태원입니다. 세계 여러 나라의 음식점들이 있어서 어느 나라 사람이나 살기가 편합니다. 하지만 항상 사람들이 많아서 복잡합니다.

이곳은 서울의 '작은 프랑스'라고 하는 서래마을입니다. 간판이나 표지판이 한국어와 프랑스어로 쓰여 있고, 프랑스 음식을 파는 곳이 많아서 프랑스에 온 것 같은 느낌이 듭니다. 사람이 별로 많지 않아서 동네가 조용하며 크고 넓은 집이 많습니다.

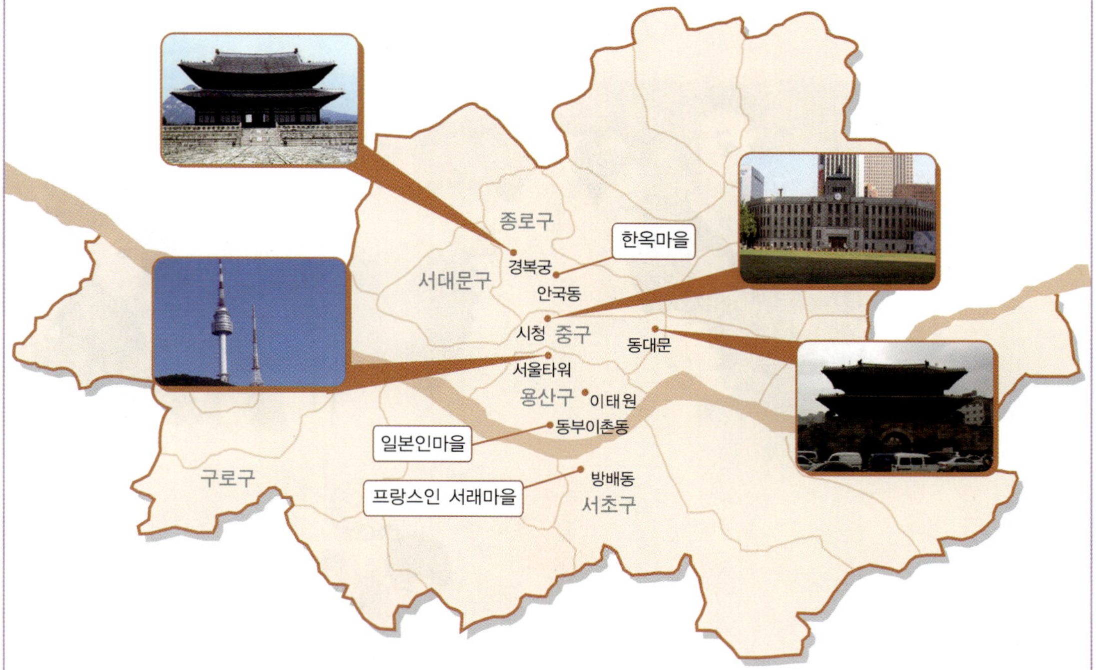

03 여러분 나라에도 외국인들이 많이 사는 곳이 있습니까? 소개해 보십시오.

02 저희 어머니나 다름없는 분이에요

학습 목표 ● 과제 회고록 쓰기 ● 어휘 감정 관련 어휘 ● 문법 -었더라면, 이나 다름없다

여러분도 위와 같이 기억에 남는 때가 있습니까?
지금까지 여러분에게 가장 큰 영향을 준 사람은 누구입니까?

CD1:03~04

마리아 제임스 씨, 오늘 저한테 아주 중요한 분을 만나는데 같이 가실래요? 소개해 드리고 싶어서요.

제임스 마리아 씨가 그렇게 말하니 궁금하네요. 어떤 분인데요?

마리아 제가 힘들고 외로울 때마다 큰 도움을 주셨던 분이에요. 그 분이 없었더라면 아마 지금의 저도 없었을 거예요.

제임스 그래요? 마리아 씨의 인생에 아주 큰 영향을 끼치신 분이군요.

마리아 네, 그 분은 정말 저희 어머니나 다름없는 분이에요.

제임스 그런 분이 계시다니 마리아 씨가 정말 부러운데요. 가면서 그 분에 대해 좀 더 얘기해 주세요.

인생
영향
끼치다
부럽다

어휘

궁금하다	뿌듯하다	섭섭하다	안타깝다
초조하다	당황스럽다	부담스럽다	짜증스럽다

01 다음과 같은 상황에서는 어떤 기분일 것 같습니까? 빈칸에 알맞은 어휘를 쓰십시오.

대학 생활을 함께 했던 친구들과 헤어졌다.

섭섭하다

나에 대한 부모님의 기대가 크다.

....

에어컨도 없는 사무실에서 일해야 한다.

....

아르바이트를 해서 내 힘으로 등록금을 벌었다.

....

친구의 소식을 10년 동안 듣지 못했다.

....

버스를 탔는데 지갑이 없었다.

....

취직 시험을 본 후 합격자 발표를 기다리고 있다.

....

팔을 다쳐서 도와주지 못한다.

....

02 빈칸에 알맞은 어휘를 쓰십시오.

우리 집은 가난했다. 그래서 누나는 중학교를 졸업하고 돈을 벌기 위해 공장에 취직했다. 부모님은 장남인 내가 성공해야 한다며 나를 서울에 있는 고등학교로 유학을 보내셨다. 나는 이런 부모님의 기대가 너무 **부담스러웠**고 누나에게 미안했다. 그래서 나도 학교를 그만두고 취직을 해야겠다고 생각을 했다.

그런데 어느 날 누나에게서 편지가 왔다. 누나는 내가 1등을 한 성적표만 받으면 누나가 1등한 것처럼 ....고 무더운 공장에서 일하는 것도 전혀 힘들거나 ....지 않다고 했다. 그리고 서울에서 열심히 공부하고 있을 나를 생각하면 학교에 다니는 누나의 친구들도 전혀 부럽지 않다고 했다. 나는 이런 누나를 실망시키지 말아야겠다고 생각하고 더욱 더 열심히 공부했다. 시험 결과가 발표될 때까지 ....게 기다렸다. 나는 의대에 입학했고 지금은 의사가 되었다. 내 인생에서 부모님과 누나가 없었다면 오늘의 나도 없었을 것이다. 나는 그분들께 진심으로 감사드린다.

문법 연습

-었더라면/았더라면/였더라면

01 다음은 성공한 남자의 이야기입니다. 만약 다음과 같은 일이 없었다면 어떻게 되었을까요? 이야기해 보십시오.

저희 부모님이 그렇게 부자가 아니었기 때문에 성공하기 위해서 열심히 공부 했습니다. 사회에 나와서 여러 번 실패를 경험했기 때문에 성공의 기쁨도 알게 되었습니다. 또 힘들 때마다 제 옆에는 친구가 있어서 전혀 외롭지 않았습니다. 하지만 부모님이 일찍 돌아가셔서 제가 성공한 모습을 보지 못하신 것이 안타깝습니다.
그리고 젊었을 때 건강에 신경을 쓰지 못해서 지금 건강이 많이 안 좋아진 것이 좀 후회 스럽습니다.

1) 저희 부모님이 부자였더라면 성공하기 위해서 그렇게 열심히 공부하지 않았을 겁니다.
2) 여러 번 실패를 경험하지 않았더라면
3)
4)
5)

이나/나 다름없다

02 빈칸에 쓰고 이야기해 보십시오.

부모님이나 친형제와 같다고 생각하는 사람	새것과 같다고 생각하는 물건	거절과 같다고 생각하는 말
• 우리 고모	• 작년에 산 옷	•"한번 생각해 볼 게요."
•	•	•
•	•	•

친구에게 부탁을 했을 때 "한번 생각해 볼 게"라고 대답하는 것은 거절이나 다름없어요.

과제 1 쓰기

여러분이 60살이 되어 회고록을 쓴다면 어떤 점이 후회가 될 것 같습니까? 표를 채우고 [보기]와 같이 써 보십시오.

	잘한 일	후회되는 일
10대	• 친구를 많이 사귀었다. •	• 책을 많이 읽지 못했다. •
20대	• 좋은 회사에 취직했다. •	• 대학에 다니면서 취직 준비만 하면서 보냈다. •
30대	• •	• •
40대	• •	• •
50대	• •	• •

[보기]

이제 60살이 되어 나의 삶을 돌아보니, 기쁜 일도 많았고 슬픈 일도 많았던 것 같다. 또 그 때 정말 그렇게 하기를 잘했다고 생각되는 일도 있지만 후회되는 일도 참 많다. 내가 중·고등학교에 다니던 시절에는 꿈도 많았다. 중·고등학교를 다니면서 친구를 많이 사귄 일은 지금 생각해도 잘했다. 하지만 친구들과 노느라고 책을 많이 읽지 못했다. 학창시절에 많은 책을 읽었더라면 좀 더 현명한 사람이 되었을 것 같다.

과제 2 읽고 말하기

01 다음은 아내를 만나 인생이 바뀌게 된 남편의 이야기 중 앞부분입니다. 읽고 질문에 답하십시오.

집안이 가난해서 고등학교만 졸업하고 공장에 취직한 한 청년이 있었습니다. 그는 가고 싶은 회사에 취직하지 못했고 하고 싶은 일을 하지 못했기 때문에, 매일 술만 마시며 시간과 돈을 낭비했습니다. 회사에 자주 지각하고 열심히 일하지 않았습니다.

이런 그를 안타깝게 바라보는 여자가 있었 습니다. 그녀는 착하고 예쁜 여자였습니다. 두 사람이 결혼하게 됐을 때 다들 여자가 아깝다고 했지만 그녀는 그를 정말 사랑했고 자랑스럽게 생각했습니다. 그는 좋은 직업을 가지고 있지 않았지만 정이 많고 자상하며 순수한 사람이었기 때문입니다.

결혼 후 남편은 착한 아내에게 기름 때 묻은 옷과 적은 월급 봉투를 내놓는 게 늘 미안했고, 아내는 그런 남편의 힘없는 어깨를 보는 게 마음이 아팠습니다. 그래서 매일 아침 그의 도시락에 특별한 반찬 한 가지를 더 싸 주었습니다. 그건 남편에게 용기를 주기 위한 아내의 편지였습니다.

'여보, 나는 당신이 아주 자랑스러워요.'

1) 남편에 대한 설명으로 맞는 것에 모두 ✔하십시오.

듀 남편은 집안이 가난해서 대학교에 다니지 못했다. ☐
드 남편은 공장에서 일하지 않고 사무실에서 일했다. ☐
득 남편은 열등감이 심해서 매일 술을 마시며 시간과 돈을 낭비했다. ☐
든 남편은 회사에서는 열심히 일했다. ☐
듣 남편은 정이 많고 자상한 사람이었다. ☐

2) 남편은 나중에 어떻게 되었을까요? 이야기해 보십시오.

3) 다음은 이야기의 뒷부분입니다. 글을 읽고 여러분의 이야기와 어떻게 다른지 비교해 보십시오.

> 그는 아내의 편지를 볼 때마다 정말 자랑스러운 남편이 되도록 열심히 일해야 겠다고 생각했습니다. 그 후로 그는 눈에 띄게 달라졌습니다. 다른 직원들보다 매일 두 시간씩 일찍 출근해서 공장 여기저기를 청소하기 시작했습니다. 아내는 10년간 계속 사랑의 편지를 썼고 남편도 그런 아내를 실망시키지 않으려고 열심히 일했습니다.
>
> 세월이 많이 지난 어느 날, 그날도 남몰래 열심히 공장을 청소하고 있는데 문이 열리고 사장님이 들어왔습니다.
>
> "내가 10년 전부터 자네를 쭉 지켜봤네."
>
> 사장님은 그를 공장의 책임자로 승진시켰습니다. 아내의 사랑이 담긴 도시락 편지가 그를 변화시켰고 자랑스러운 남편이 될 힘을 주었던 것입니다.

4) 남편의 인생에 영향을 준 사람은 누구입니까?

5) 왜 남편의 행동이 바뀌게 되었을까요? 맞는 것에 모두 ✔ 하십시오.

듕 두 사람이 결혼하게 되었을 때 남들이 여자가 아깝다고 해서 ☐
드 아내가 남편을 자랑스럽게 생각해서 ☐
득 기름 때 묻은 옷과 적은 월급 봉투를 내놓는 게 미안해서 ☐
든 자신의 축 처진 어깨를 보이는 게 마음이 아파서 ☐
듣 매일 아내가 편지를 써서 남편에게 용기를 주어서 ☐

02 앞의 이야기처럼 여러분의 삶에 가장 큰 영향을 준 사람이나 사건이 있었습니까?

부모님 ☐	형제 ☐	선생님 ☐	친구 ☐	기타 ....
가족의 죽음 ☐	이성 친구와의 만남/결혼 ☐	유학 ☐	대학 입학 ☐	기타 ....

03 만약 그 사람이나 그 사건이 없었다면 여러분의 인생은 어떻게 달라졌을까요? 이야기해 보십시오.

03 시간을 낭비하지 않도록 계획을 세우세요

학습 목표 ● 과제 시간 관리 계획하기 ● 어휘 계획 관련 어휘 ● 문법 -도록[1], -는다고 해서

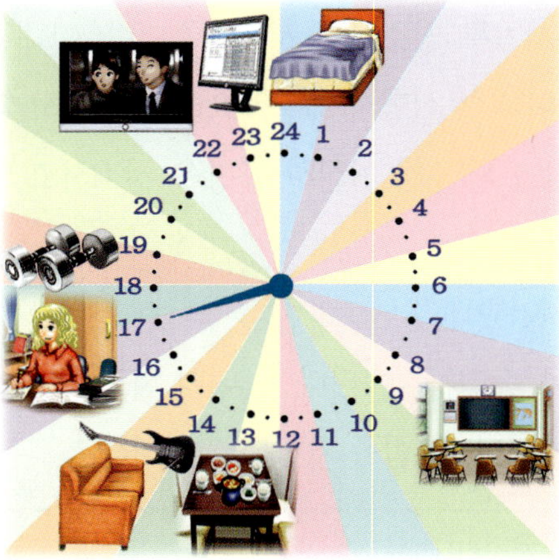

여러분은 현재를 어떻게 살고 있습니까? 계획적으로 살고 있습니까?
계획적으로 사는 생활이 항상 좋다고 생각합니까?

CD1:05~06

웨이 　전 요즘 할 일이 너무 많아서 정신을 차릴 수가 없어요. 어떤 때는 할 일을 잊어버리는 경우도 있어요.

마리아 　그럴 때는 시간을 낭비하지 않도록 계획을 세워야 돼요.

웨이 　저도 계획을 세우기는 하죠. 그런데도 하지 못한 일이 산더미처럼 쌓일 때가 있어요.

마리아 　무조건 계획만 세운다고 해서 좋은 건 아니에요. 시간이 부족할 것 같으면 덜 중요한 일은 버리세요.

웨이 　그래야겠어요. 전 일을 할 시간이 있는지 없는지 잘 살펴보지도 않고 계획만 세웠거든요.

마리아 　그리고 계획을 세울 때에는 제일 중요한 일부터 순서를 정해 놓는 게 좋아요.

정신
차리다
산더미
쌓이다
살펴보다

어휘

계획적	효율적	비효율적	미루다
포기하다	목표를 정하다	시간에 쫓기다	시간을 관리하다

01 계획을 세웠을 때와 계획을 안 세웠을 때로 나누어 알맞은 어휘를 쓰십시오.

〈계획을 세웠을 때〉	〈계획을 안 세웠을 때〉
• 효율적	• 비효율적
• 계획적	• 미루다
•	•
•	•

02 빈칸에 알맞은 어휘를 쓰십시오.

우리는 항상 새해가 되면 한 해의 계획을 세운다. 왜 그럴까? 계획을 세우지 않는다면 오늘 해야 할 일을 내일로 **미루게** 되고, 하고 싶었던 일을 결국 ....게 되거나 그런 일을 한꺼번에 하게 되어 ....는 경우도 있기 때문이다. 따라서 계획적인 삶은 아주 중요하다. 계획적인 삶은 미래를 준비하는 것이며, 항상 ....로/로 미래를 준비한 사람은 성공을 하게 된다. 또 계획을 세우면 시간을 ....으로/로 관리할 수 있다. 계획을 세울 때는 우선, 날마다 또는 한 달마다 구체적으로 ....는/은/ㄴ 것이 좋다. 그리고 중요한 일부터 목록을 만드는 것도 좋다. 우리도 이번 기회에 계획을 세워보는 것이 어떨까?

나의 계획

• 올해의 목표

• 이 달의 목표

• 이 주의 목표

• 오늘의 할 일

문법 연습

-도록

01 다음과 같은 문제가 있을 때 여러분은 어떻게 말하겠습니까?

1) 내일 발표를 해야 하는데 실수를 할까 봐 걱정이다.
2) 요즘 정신이 없어서 친구와의 약속을 자주 잊어버린다.
3) 요즘 늦잠을 자서 학교에 제시간에 못 간다.
4) 나는 손이 커서 음식을 만들면 항상 너무 많이 남는다.
5) 도자기를 미국에 보내려고 하는데 도자기가 깨질 것 같아서 걱정이다.

내일 발표를 해야 하는데 실수를 할까 봐 걱정이에요.

그럼, 발표할 때 실수하지 않도록 필요한 말을 정리해서 가지고 들어가세요.

-는다고/ㄴ다고/다고 해서

02 다음과 같은 생각을 가진 사람들이 많습니다. 여러분은 어떻게 생각하십니까?

	그렇다	아니다
머리가 좋으면 다 공부를 잘 할 것이다.	☐	☐
단어만 외우면 외국어를 잘 할 수 있다.	☐	☐
능력이 있으면 성공할 수 있다.	☐	☐
돈이 많으면 행복하다.	☐	☐
남자는 여자보다 수학을 잘 한다.	☐	☐

과제 1 듣고 말하기 [CD1:07]

남자와 여자의 이야기를 듣고 남자의 생각인지 여자의 생각인지 ✔ 하십시오. 여러분은 남자의 생각에 동의하십니까? 아니면 여자의 생각에 동의하십니까? [보기]와 같이 이야기해 보십시오.

	남자	여자
인생이 항상 계획대로 되는 것은 아니다.	☐	☐
계획을 세우면 인생의 목적이 분명해진다.	☐	☐
계획을 세우는 것은 시간 낭비이다.	☐	☐
계획대로 일이 이루어지지 않으면 스트레스를 더 많이 받는다.	☐	☐
계획을 세우면 정해진 일을 좀 더 효율적으로 빨리 할 수 있다.	☐	☐
책상에 계획표를 붙여두면 언젠가는 그 일을 하게 된다.	☐	☐
가끔 계획에 없었던 여유를 가지는 것도 좋다.	☐	☐
계획을 세우면 주어진 똑같은 시간에 더 많은 일을 하게 된다.	☐	☐

[보기]

가 : 저는 남자의 생각에 동의합니다. 매일 매일 계획을 세우는 것은 너무 귀찮은 일이에요.

나 : 계획을 세우는 것이 **귀찮다고 해서** 계획을 세우지 않을 수는 없지요. 여자가 얘기한 것처럼 계획 없이 사는 것은 목적 없이 사는 것과 같아요.

가 : 매일 계획을 **세우지 않는다고 해서** 인생에 목적이 없는 것은 아니에요. 또 남자의 얘기처럼 계획을 세우는 것은 시간 낭비예요. 그 시간에 다른 일을 하는 것이 더 나을 거예요.

나 : 아니에요. 시간을 **낭비하지 않도록** 계획을 세우는 게 좋지요. 계획을 세우면 같은 시간에 더 많은 일을 하게 되니까요.

과제 2 읽고 말하기

01 다음을 읽고 질문에 답하십시오.

범죄에 대해 연구를 하는 어떤 심리학자가, 살인죄로 평생을 감옥에서 보내야 하는 어떤 남자를 찾아가 인터뷰를 했다. 심리학자는 그 남자에게 왜 지금과 같은 생활을 할 수 밖에 없었는지 물었다. 그 사람은 다음과 같이 대답했다.

"저희 아버지는 알코올 중독자였고 항상 저를 때렸어요. 그런 아버지 밑에서 자란 제가 어떻게 살아야 했겠습니까?"

그런데 심리학자는 그 남자에게 쌍둥이 동생이 있다는 것을 알게 되었다. 그 동생은 성실하게 일해서 돈도 많이 벌었고 사회를 위해서 훌륭한 일도 많이 한 사람이었다. 심리학자는 그 쌍둥이 동생에게 같은 질문을 했다. 놀랍게도 동생의 대답은 다음과 같았다.

"저희 아버지는 알코올 중독자였고 항상 저를 때렸어요. 그런 아버지 밑에서 자란 제가 어떻게 살아야 했겠습니까?"

똑같은 상황에서 출발한 쌍둥이 형제의 인생은 이렇게 크게 달라진 것이다.

1) 위 이야기의 주제는 무엇입니까? 그리고 왜 그렇게 생각하는지 이야기하십시오.

- 아버지가 어떤 사람이냐에 따라 아이들의 인생이 달라질 수 있다. ☐
- 같은 상황에서도 어떤 방법으로 사느냐에 따라 인생이 달라질 수 있다. ☐

2) 쌍둥이 형과 동생은 어떻게 살았을까요? 이야기해 보십시오.

02 앞의 이야기와 같이 인생의 목표를 가지고 시간 관리를 잘 하면 성공한다고 합니다. 여러분은 어떻게 시간 관리를 하고 있습니까? 다음을 읽고 ✓ 하십시오.

	그렇다	아니다
1) 규칙적인 생활을 한다.	□	□
2) 인생에 장기적인 목표가 있다.	□	□
3) 하루 또는 1주일, 한 달의 계획을 세운다.	□	□
4) 한번에 많은 일을 할 때 순서를 정해서 한다.	□	□
5) 계획에 맞춰 일을 다 했을 때 나에게 상을 준다.	□	□
6) 오늘 할 일을 뒤로 미루지 않는다.	□	□
7) 내가 할 수 없는 일은 다른 사람에게 부탁할 수 있다.	□	□
8) 하기 어렵거나 불가능하다고 생각되면 거절하기도 한다.	□	□
9) 안 해도 될 일과 꼭 해야 할 일을 구분한다.	□	□
10) 어려운 일이 있어도 쉽게 포기하지 않는다.	□	□

'그렇다'가 많을수록 시간 관리를 잘 하는 사람입니다. 여러분은 시간 관리를 잘 하는 사람입니까? 잘 못하는 사람입니까?

03 앞으로 여러분은 어떻게 시간 관리를 할 계획입니까? 앞으로의 계획을 쓰고 [보기]와 같이 이야기해 보십시오.

- 하기 어렵거나 불가능한 일을 거절한다.
- 내가 할 수 없는 일은 남에게 부탁한다.

[보기]

저는 규칙적인 생활을 하고, 하루 혹은 1주일의 계획을 세우면서 살았습니다. 또 할 일이 많을 때는 순서를 정해 놓고 중요한 일부터 했지요. 하지만 마음이 약해서 다른 사람이 부탁하는 일을 거절하지 못해 항상 일이 너무 많았습니다. 그래서 제 계획대로 제 시간에 일을 끝내지 못할 때가 많았습니다. 그러다가 보니 일이 자꾸 밀렸지요. 이젠 제가 할 수 있는 일만 부탁 받으려고 합니다. 그리고 제가 할 시간이 없거나 제 능력이 모자라서 할 수 없는 일은 남에게 부탁도 하려고 합니다.

04 다른 사람도 도와 가면서 살아야겠어요

학습 목표 ● 과제 가치 기준 이야기하기 ● 어휘 가치 기준 관련 어휘 ● 문법 -는다 -는다 하는 게, -어 가면서

위 그림의 사람들은 인생을 어떻게 사는 것 같습니까?
여러분은 어떤 인생을 살고 싶습니까?

CD1:08~09

미선　이번 토요일에 시간이 있으면 저하고 양로원에 가지 않을래요?

마리아　양로원이라니요? 봉사 활동 다니세요?

미선　봉사 활동이라고까지 말할 정도는 아니에요. 그냥 한 달에 한 번 정도 시간을 내서 외로운 할머니, 할아버지와 놀아 드리는 거지요, 뭐.

마리아　좋은 일 하시네요. 저도 봉사 활동을 한다 한다 하는 게 용기가 안 나서 아직 못 하고 있어요.

미선　보통 다 그렇지요. 함께 살아가는 세상이라고 하지만 자신의 행복만 생각하고 생활할 때가 많아요.

마리아　맞아요. 저도 이젠 다른 사람을 좀 도와 가면서 살아야겠어요.

양로원
봉사 활동
용기
살아가다

어휘

명예	미모	봉사	재력	지혜	출세	학식

01 여러분에게 세 가지만 선택하라고 한다면 여러분은 무엇을 선택하겠습니까? 그리고 여러분의 배우자나 자녀는 어떤 사람이었으면 좋겠습니까? 이야기해 보십시오.

나	배우자	자녀
• 건강 • •	• • •	• • •

02 빈칸에 알맞은 어휘를 쓰십시오.

제 인생에서 가장 중요한 것은 우리 가족입니다. 제 아내는 빼어난 **미모** 을/를 가지지는 않았지만 정이 많아서 어려운 이웃을 보면 그냥 지나치지 못 합니다. 그래서 주말마다 고아원이나 양로원에 가서 ____________ 을/를 하고 있 습니다.

제 아들은 체력이 조금 약해서 운동 을 많이 시키고 있습니다. 저는 제 아들이 사회에 나가서 ____________ 하거나 ____________ 이/가 있는 부자가 되기를 바라지는 않습니다. 다만 힘들고 어려운 일을 만나도 포기하지 않으며 지식이 많기보다는 ____________ 이/가 있는 사람이 되기를 바랍니다.

문법 연습

-는다/ㄴ다 -는다/ㄴ다 하는 게

01 미선 씨는 요즘 하려고 했는데 하지 못한 일이 아주 많습니다. 질문에 맞게 대답하십시오.

이가 아프다고 했는데 치과에 갔다 왔어요?

봉사 활동을 해 보고 싶다고 했는데 시작했어요?

우리 집에 놀러 온다고 하고 왜 오지 않아요?

보고 싶은 영화가 있다고 했는데 봤어요?

이메일을 보냈는데 왜 답장을 안 하세요?

치과에 간다 간다 하는 게 시간이 없어서 아직 못 갔어요.

-어/아/여 가면서

02 다음과 같은 경우에 어떻게 해야 할까요? 이야기해 보십시오.

1) 신문을 읽고 발표를 해야 한다. 그런데 모르는 단어가 너무 많다.
2) 친구 집에 초대를 받았다. 그런데 친구가 사는 동네까지 가는 길을 모른다.
3) 음식을 할 때마다 맛이 점점 짜진다. 그래서 요리에 자신이 없다.
4) 휴일도 없이 일만 했다. 그래서 건강이 안 좋아진 것 같다.
5) 매일 같은 친구와 옆자리에 앉아 있으니까 지루하다.

신문을 읽고 발표를 해야 하는데 모르는 단어가 너무 많아요. 어떻게 하면 좋지요?

그럼, 사전을 찾아 가면서 읽으세요.

과제 1 읽고 말하기

행복한 삶은 어떤 삶일까요? 여러분은 행복한 삶을 위해 어떻게 하고 있습니까? 다음을 읽고 여러분의 삶을 [보기]와 같이 이야기해 보십시오.

세계의 유명한 작가 밀턴, 단테가 모두 장님이었다는 것을 알고 있습니까? 셰익스피어도 교육을 받지 못했지만 혼자 공부해서 훌륭한 작품을 남겼습니다. 행복은 가지고 있는 조건에 따라 결정되는 것이 아닙니다. 어떻게 사느냐에 따라 결정됩니다. 여러분은 어떻게 살고 있습니까? 행복하게 살기 위해서는 이렇게 사는 것이 좋다고 합니다.

- 도움이 필요한 사람을 도와 주세요.
- 다른 사람을 진심으로 칭찬해 주세요.
- 과거를 잊고 현재에 충실하게 살아가세요.
- 나와 마음이 통하는 친구를 만드세요.
- 모든 일을 긍정적으로 생각하세요.
- 화내지 말고 다른 사람을 용서하세요.
- 욕심 부리지 말고 그것이 나에게 꼭 필요한 것인지 다시 한번 생각하세요.

[보기]

저는 지금까지 제 자신의 성공을 위해서 살았습니다. 그래서 부모님이나 가족들과 자주 함께 시간을 보내지 못했습니다. 이제 어느 정도 성공을 했지만 이것이 제 삶을 행복하게 만들어 주지 못했습니다. 오히려 가족들과 멀어져서 요즘은 외로움도 느낍니다. 앞으로는 가족들과 좀 더 많은 시간을 보내면서 살고 싶습니다. 그리고 도움이 필요한 사람을 **도와 가면서** 살겠습니다.

과제 2 듣고 말하기

01 다음 기사를 읽고 질문에 답하십시오.

한국 대학생, 건강이 최고

지난 달 5일 서울 지역 10개 대학 재학생 800명을 대상으로 설문 조사를 했는 데'인생에서 가장 중요한 것은 무엇인가? 라는 질문에 대해 대부분의 학생이 건강(57.5%)과 가족(50.5%)이라고 대답했다. 사회적인 성공(43.4%)을 중요한 가치로 생각하는 학생들은 상대적으로 적었다.

1) 대학생들이 인생에서 중요하게 생각하는 것을 빈칸에 쓰십시오.

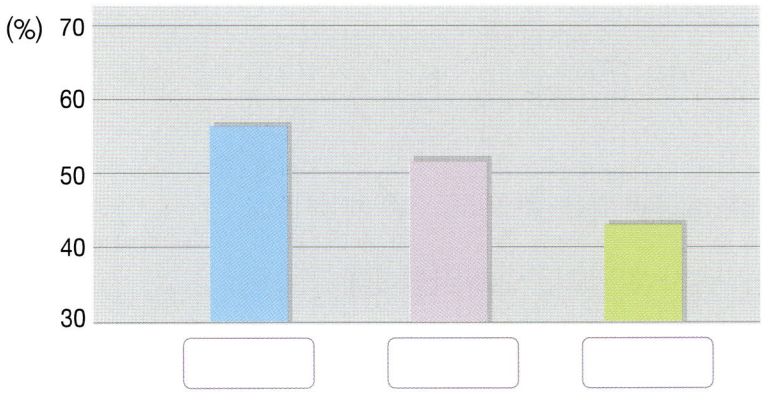

2) 위에서 말한 의견 외에 또 어떤 의견이 있었을까요?

[CD1:10]

02 인터뷰 내용을 듣고 질문에 답하십시오.

1) 이 부부는 인생에서 무엇이 가장 중요하다고 생각한 것 같습니까?

사랑 ☐ 돈 ☐ 명예 ☐ 건강 ☐

2) 들은 내용과 같은 것에 모두 ✔ 하십시오.

듕 두 사람은 모두 일본 사람이다. ☐
드 두 사람은 스페인에서 처음 만났다. ☐
득 박영재 씨는 호텔에서 일을 하던 사람이다. ☐
든 하나코 씨 아버지는 외교관이다. ☐
듣 하나코 씨 부모님은 두 사람의 결혼을 반대했다. ☐

3) 하나코 씨의 아버지가 한 이야기가 무엇입니까? (　　　)

듕 용기를 내서 이야기하면 결혼을 허락해 주겠다.
드 두 사람을 세상 누구보다 행복하게 해 주겠다.
득 스스로의 선택에 후회하지 않도록 열심히 살아야 한다.
든 부모님을 생각하면서 열심히 살아가야 한다.

03 여러분이 하나코 씨와 같은 상황이라면 하나코 씨와 같은 삶을 선택하겠습니까? 이야기해 보십시오.

	왜?
선택한다	
선택하지 않는다	

05 정리해 봅시다

• 어휘

01 다음 어휘와 어울릴 수 있는 것을 아는 대로 쓰십시오.

겁	겁이 나다, 겁을 주다
적응	적응이 되다,
영향	
용기	
정신	

02 빈칸에 알맞은 어휘를 쓰십시오.

적응　정신　용기　영향　산더미　봉사 활동　살아가다　살펴보다

1) 외국에서 처음 생활하게 되면 ________ 하기가 힘들 거예요.
2) 제 인생에 가장 많은 ________ 을/를 끼치신 분은 저희 어머니예요.
3) 그녀에게 청혼을 하고 싶은데 ________ 이/가 안 나서 아직 못하고 있어요.
4) 한 달에 한 번 양로원에 가서 ________ 을/를 하고 있어요.
5) 요즘 회사일과 집안일이 너무 많아서 ________ 을/를 차릴 수가 없어요.
6) 오랫동안 휴가를 다녀와서 해야 할 일이 ________ 처럼 쌓여 있어요.
7) 새로 세운 계획에 문제가 없는지 다시 한번 잘 ________ 으세요/세요.
8) 우리는 ________ 으면서/면서 많은 슬픔과 행복을 경험합니다.

• 문법

다음 상황에 맞게 대화를 완성하십시오.

한국에 와서 처음 경험해 보는 문화 때문에 고생을 했지만 지금은 어느 정도 적응이 되었다. 하숙집 아주머니가 어머니처럼 친절하게 돌봐 주시고, 한국 친구들을 사귀면서 한국 생활에 많이 익숙해지게 되었다.

제임스 : 한국에 오신 지 얼마나 되셨어요?
에　릭 : 석 달 정도 됐어요.
제임스 : 한국 생활이 아직은 많이 힘드시겠네요. 어떠세요?
에　릭 : 처음에 .... 긴 했는데 ....
제임스 : 그러세요? 아직 석 달밖에 안 됐는데 금방 적응을 하셨나 봐요.
에　릭 : 하숙집 아주머니 덕분이죠. 하숙집 아주머니가 .... 이나/나 다름없이 잘 돌봐 주셔서 한국 생활에 빨리 적응할 수 있었어요.
제임스 : 좋은 하숙집 아주머니를 만나셨군요.
에　릭 : 네, 그리고 또 .... 다가 보니 ....

나는 요즘 한국어 수업이 끝나고 사물놀이를 배우고 있다. 배운 걸 잊지 않으려고 하루에 세 시간씩 연습을 한다. 사물놀이가 너무 재미있어서 좀 더 일찍 배울 걸 하는 생각도 든다. 그리고 나는 다른 나라의 문화를 배우고 이해하면서 내 자신도 발전되길 바란다.

선생님 : 지난번에 배운 사물놀이는 잊지 않았겠지요?
유　카 : 네, 선생님. .... 도록 ....
선생님 : 그렇게 연습을 많이 하면 금방 잘 하게 될 거예요.
유　카 : 감사합니다, 선생님. 그리고 요즘은 사물놀이가 너무 재미있어서 이렇게 늦게 배운 게 후회가 돼요. .... 었더라면/았더라면/였더라면 .... 그리고 .... 어/아/여 가면서 ....

나는 요즘 한국어 수업이 끝나고 탈춤도 배우고 아르바이트도 하느라고 너무 바쁘다. 그래서 친구 만날 시간도 별로 없고 부모님께 연락을 하지 못하고 있다.

미선 : 요즘 많이 바쁜가 봐요. 통 연락이 없어요.

리에 : 미안해요. .... 는다/ㄴ다 .... 는다/ㄴ다 하는 게 ....

미선 : 바쁘면 그럴 수도 있지요, 뭐. 그런데 부모님께는 자주 연락하세요?

리에 : 부모님께 연락을 드린 지도 두 달이 넘은 것 같아요.

미선 : 부모님께서 걱정하시겠어요. .... 는다고/다고 해서 .... 오늘이라도 연락드리세요.

리에 : 그래야겠네요.

• 읽고 쓰기

01 다음은 어떤 외국인의 글입니다. 읽고 질문에 답하십시오.

나의 하루는 한국의 전통 무술인 태권도와 함께 시작된다. 몸이 약해서 시작했던 태권도가 이젠 나의 몸과 마음을 단련하는 생활의 중요한 부분이 되었다. 처음 태권도를 배울 때는 몸이 마음처럼 움직이지 않아서 고생을 많이 했다. 하지만 시간이 지날수록 잘 하게 되었고 마음도 안정을 찾을 수 있었다. 태권도를 배우면서 예전엔 이상하게만 보이던 한국의 문화를 다시 생각해 보고, 한국인의 눈으로 바라볼 수 있게 되었다. 처음 한국에 왔을 때는 내가 살아온 환경과 너무 달라서 적응하기가 힘들었다. 식사뿐만 아니라 무엇이든지 빨리빨리 하려는 한국인들 틈에서 내가 게으르게 보이기까지 했다. 또 회사 동료와 한국 음식을 먹으러 갔다가 김치를 먹어 보라고 해서 먹었을 때 정말 매워서 혼이 났던 적도 있었다. 가족들과 떨어져 지내는 크리스마스 같은 휴일은 특히 고향 생각이 더 많이 났다. 하지만 적응하기 힘들었던 한국에서의 삶도 태권도와 같이 자꾸 부딪치고 경험해 보면서 어느덧 나의 일부분이 되어 가고 있다. 이제는 아무리 복잡한 지하철이라도, 아무리 매운 한국 음식이라도 누구 못지않게 좋아하고 즐기게 됐다. 오늘 아침에도 태권도를 하며 한국에서의 활기찬 하루를 시작한다.

1) 이 사람은 왜 태권도를 배우기 시작했습니까? (　　　)

듕 건강해지기 위해서

드 한국 생활이 외로워서

득 한국 문화에 익숙해지기 위해서

든 한국의 전통 무술을 배우고 싶어서

2) 이 사람이 처음 한국에 와서 적응하기 힘들었던 것은 무엇이었습니까?

3) 이 사람은 어떻게 한국 생활에 적응하게 되었습니까? (　　　)

듕 태권도를 배우면서

드 한국 친구를 사귀면서

득 한국 음식을 먹으면서

든 한국 회사에 다니게 되면서

02 아래 표를 채우고 여러분의 경험을 써 보십시오.

처음 한국에 와서 이해할 수 없었던 문화	
한국 생활에 도움이 되었던 사람이나 일	
한국 문화 중 가장 좋아하는 것	

문화

서울의 외국인 마을

〈서울의 주요 외국인 마을〉

서울에 사는 외국인이 지난 10년 전에 비해 세 배 이상 늘었습니다. 이에 따라 서울에서 외국인들이 모여 사는 마을이 열 군데 이상이나 됩니다. 1990년대까지만 해도 서울 반포대교 남단의 '작은 프랑스'라 불리는 서래마을, 이촌동의 일본인 마을 등 몇 군데밖에 없었으나 2000년대에 들어서면서 러시아나 중앙아시아, 중국 동포촌, 몽골, 네팔, 필리핀, 나이지리아 거리 등 많은 외국인 밀집 지역이 생겨났습니다. 서래마을은 1985년 한남동에 있던 주한 프랑스 학교가 반포 쪽으로 이전하면서 그 곳에 자연스럽게 마을이 형성되었고, 용산구 이촌동의 일본인 마을은 1970년대 외국인 아파트가 들어서면서 생겼다고 합니다. 또 지하철 7호선 남구로역에서 가리봉 시장 쪽으로 가다 보면 중국말로 된 간판이 많이 보이는데, 이 곳이 가리봉 중국 동포촌(옌벤 거리)입니다. 이 곳은 1990년대 초반 중국 동포들이 몰려들면서 자연스럽게 형성되었는데 중국 음식점과 노래방, 중국 술집 등이 밀집해 있어 마치 중국에 온 것 같은 느낌을 들게 합니다. 또 지하철 2호선 동대문역 근처 광희동 일대는 몽골 사람들이 많은데 이곳은 1999년 한국 대통령의 몽골 방문을 계기로 몽골인 700여 명 가량이 이곳에 터를 잡은 후에 생긴 곳입니다. 이 몽골 마을 인근에는 중앙아시아촌이 있는데 88 서울 올림픽 이후 러시아, 중앙아시아의 상인들이 동대문 의류 시장을 오가면서 만들어졌습니다. 이곳에는 정통 중앙아시아 요리를 하는 식당이 꽤 많습니다. 지하철 1호선 종묘역 부근의 네팔인 거리는 2000년 문을 연 네팔 음식점을 중심으로 형성되었는데 명절이면 본국에서 유명 가수, 탤런트, 코미디언들이 찾아와 이곳에서 공연을 한다고 합니다. 혜화동 대학로는 혜화동 성당을 중심으로 일요일이면 작은 마닐라로 변하는데 필리핀 신부가 주재하는 미사를 드리고 필리핀의 과일과 채소, 햄, 생선 등을 사고팔기도 합니다. 용산구 이태원동에는 무슬림 거리와 나이지리아 거리가 있는데, 1976년 무슬림 사원이 생기면서 인도와 파키스탄 등 무슬림들이 부근에 모여 살면서 형성되었습니다. 또한 서대문구 연희동에는 서울에 사는 화교의 절반 정도가 모여 살고 있는 중국인 마을이 있습니다. 이들 화교들은 주로 이곳에서 음식점, 상점, 무역회사 등을 운영하고 있습니다.

1. 서울의 외국인 마을은 어디에 있습니까? 그리고 그 곳은 처음에 어떻게 생겼습니까?

2. 여러분 나라에도 외국인 마을이 있습니까? 소개해 보십시오.

문법 설명

01 –다가 보니

어떠한 행위를 하는 과정에서 새로운 사실을 깨닫게 되거나 어떠한 상태가 되었을 때 쓴다. '–다가'는 줄여서 '–다'로도 쓸 수 있다.

- 계속 같은 음식만 먹다 보니 이젠 싫증이 나서 못 먹겠어요.
- 한눈 안 팔고 열심히 살다 보니 돈도 벌고 성공도 하게 됐습니다.
- 친구와 재미있게 이야기하다가 보니 어느새 벌써 밤 10시가 넘어 있었다.
- 너무 피곤해서 지하철에서 졸다가 보니 다음 역이 벌써 내려야 할 역이었다.
- 많은 사람들을 만나다가 보니 이제는 얼굴만 봐도 그 사람의 성격을 알 수 있을 정도가 됐어요.

02 –긴 하는데/한데

앞의 사실을 인정하면서 뒤에 이어서 반대의 사실이나 기대와 반대되는 결과를 말할 때 쓴다. 동사의 어간 뒤에는 '–기는 하는데', 형용사의 어간 뒤에는 '–기는 한데'를 쓴다. '–기는'은 줄여서 '–긴'으로도 쓸 수 있다.

- 가 : 아드님이 공부를 잘 하지요?
  나 : 네, 잘 하기는 하는데 몸이 약해서 좀 걱정이에요.
- 가 : 요즘 살 빼려고 운동을 열심히 하신다고요?
  나 : 네, 운동을 열심히 하기는 하는데 살은 잘 안 빠져요.
- 가 : 한국 생활은 어떠세요?
  나 : 힘들긴 한데 이젠 친구들도 많아지고 익숙해져서 지낼 만해요.
- 가 : 큰 집으로 이사하셔서 좋으시겠어요.
  나 : 네, 좋긴 한데 집이 크니까 청소하기가 힘들어요.
- 가 : 도서관에서 공부하면 조용해서 좋죠?
  나 : 조용하긴 한데 환기가 잘 안 돼서 공기가 좀 안 좋아요.

03 -었더라면/았더라면/였더라면

과거의 일에 대해 사실과 반대로 가정해서 뒤에 어떠한 결과가 나타날 것을 예상할 때 쓴다. 주로 과거의 일에 대한 후회나 안타까움을 나타낸다.

- 좀 더 일찍 치료를 했더라면 수술을 하지 않아도 됐을 텐데.
- 내가 그때 그의 편지에 답장을 했더라면 아마 헤어지지 않았겠지.
- 평소에 열심히 공부했더라면 지금 이렇게 밤새워 공부하지 않아도 됐을 거야.
- 내가 그 때 이 남자와 결혼하지 않았더라면 지금쯤 미국에서 공부하고 있었을 걸.
- 선생님께서 그 때 제 잘못을 지적해 주지 않으셨더라면 저는 정말 나쁜 길로 가게 됐을 겁니다.

04 이나/나 다름없다

거의 그것과 비슷하거나 그러하다고 말할 수 있을 때 쓴다. 받침 없는 명사 뒤에는 '나', 받침 있는 명사 뒤에는 '이나'를 쓴다.

- 가 : 그 아이는 어머니, 아버지가 안 계세요?
  나 : 아버지가 살아 계시기는 하지만 아이를 고아원에 맡기고 한 번도 찾아오지 않았어요. 저 아이는 거의 고아나 다름없죠.
- 가 : 김 선생님이 친형이세요?
  나 : 친형은 아니지만 어려운 일이 있을 때마다 형처럼 저를 도와줘요. 저에겐 친형이나 다름없어요.
- 가 : 이 구두는 새 거예요?
  나 : 아니요, 새 구두는 아니에요. 하지만 사서 몇 번 안 신었으니까 거의 새 구두나 다름없어요.
- 가 : 이 학교를 김 선생님이 세웠어요?
  나 : 아니요, 세우기는 홍 이사님이 세웠죠. 하지만 김 선생님이 없었다면 지금처럼 학교가 발전하지 못했을 거예요. 김 선생님이 세운 것이나 다름없죠.
- 가 : 그 섬은 사람이 살지 않는 무인도예요?
  나 : 예전에는 사람이 살았죠. 하지만 지금은 모두 도시로 떠나고 없어요. 무인도나 다름없어요.

05 –도록[1]

앞에 나오는 행위가 목적이나 이유가 되어 뒤의 결과가 나오게 말할 때 쓴다.

- 음식은 상하지 않도록 냉장고에 넣는 게 좋겠다.
- 다시는 이런 일이 생기지 않도록 주의해야 한다.
- 필요할 때 잘 찾아볼 수 있도록 정리를 잘 해 놓아야 한다.
- 모든 걸 한 눈에 볼 수 있도록 종이 한 장에 정리해 놓는 게 좋겠다.
- 많은 사람들이 평등한 교육을 받을 수 있도록 학교를 많이 세워야 한다.

06 –는다고/ㄴ다고/다고 해서

다른 사람의 이유나 근거에 대한 이야기를 듣고 그에 대해 반박을 하거나 반대의 의견을 나타낼 때 쓴다. 받침 없는 동사 뒤에는 '–ㄴ다고', 받침 있는 동사 뒤에는 '–는다고', 형용사나 '–었–' 뒤에는 '–다고'를 쓴다.

- 가 : 운동을 많이 하면 건강해지겠지요?
  나 : 운동을 많이 한다고 해서 건강해지는 건 아니에요. 적당하게 해야죠.
- 가 : 대학에 떨어졌으니 이제 제 인생은 실패했어요.
  나 : 대학에 떨어졌다고 해서 인생이 실패한 건 아니에요. 대학이 인생의 전부는 아니잖아요.
- 가 : 어려운 단어를 많이 사용하면 작문에서 좋은 점수를 받을 수 있죠?
  나 : 어려운 단어를 쓴다고 해서 좋은 점수를 받는 건 아니에요. 글의 구성이나 내용이 좋아야죠.
- 가 : 나이가 많으시니까 이런 일은 못하실 거야.
  나 : 나이가 많다고 해서 못할 일은 없다고 봅니다. 노인도 하겠다는 의지만 있으면 어떤 일이든지 할 수 있습니다.
- 가 : 올해부터는 교통 위반을 하면 벌금을 많이 내서 교통 위반이 줄 것 같아.
  나 : 벌금을 많이 낸다고 해서 교통 위반이 줄까? 내 생각에는 사람들의 생각이 바뀌어야 교통 위반이 줄 것 같아.

07 -는다/ㄴ다 -는다/ㄴ다 하는 게

몇 번이나 계획하고 시도한 일이 계획대로 이루어지지 않았을 때 쓴다. '-는다'앞에 동일한 동사를 쓴다. 받침 없는 동사 뒤에는 '-ㄴ다', 받침 있는 동사 뒤에는 '-는다'를 쓴다.

- 극장에 가서 영화를 본다 본다 하는 것이 시간이 없어서 아직 못 봤어요.
- 병문안을 한 번 간다 간다 하는 것이 시간이 없어서 못 갔어요. 미안해요.
- 겨울옷 정리를 한다 한다 하는 것이 미루다 보니 벌써 봄이 됐어요.
- 부모님께 전화를 한 번 한다 한다 하는 것이 벌써 세 달이 지났어요.
- 그 친구를 미국 유학 가기 전에 한 번 만난다 만난다 하는 것이 결국 못 만나고, 그 친구는 유학을 가고 말았어요.

08 -어/아/여 가면서

'-어/아/여 가면서'로 쓰여, 앞의 행위를 계속 지속하면서 뒤의 행위를 동시에 같이 할 때 쓴다.

- 일의 진행을 봐 가면서 다음 계획을 세웁시다.
- 간이 짜지지 않도록 맛을 봐 가면서 찌개를 끓였어요.
- 취미 생활도 해 가면서 살아야 인생을 보람되게 살 수 있어요.
- 그 문제에 대해서는 앞으로 같이 이야기해 가면서 해결하도록 합시다.
- 저는 책의 내용을 잊어버리지 않으려고 중요한 문장은 적어 가면서 읽어요.

제2과 사람의 성격

01 수줍음을 많이 타는지 말이 없어요

학습 목표 ● 과제 성격 묘사하기 ● 어휘 성격 관련 어휘 ● 문법 -는지, -다가 보면

이 사람들은 성격이 어떨 것 같습니까?
성격은 얼굴에 나타날까요?

CD1:11~12

리에 요즘 학교생활이 어때요? 이제 반 친구들하고 많이 친해졌어요?

마리아 네, 반 친구들이 모두 성격이 좋아서 금방 친해졌어요. 특히 에릭 씨는 성격이 참 좋던데요.

리에 맞아요. 그 분은 성격이 활달하고 적극적이어서 사람들을 금방 사귀어요.

마리아 참, 그런데 요코 씨는 어떤 분이에요? 수줍음을 많이 타는지 말이 별로 없어요.

리에 네, 요코 씨는 낯을 좀 가리는 편이에요. 처음엔 친해지기 어렵지만 지내다가 보면 정이 많은 사람이라는 걸 알게 될 거예요.

마리아 그래요? 첫인상은 좀 차가워 보였는데 그렇지 않은가 봐요.

활달하다
적극적
수줍음
낯
가리다
정
첫인상

어휘

내성적	외향적	느긋하다	명랑하다
소심하다	솔직하다	덜렁거리다	변덕스럽다

01 여러분의 성격과 친구의 성격을 쓰십시오.

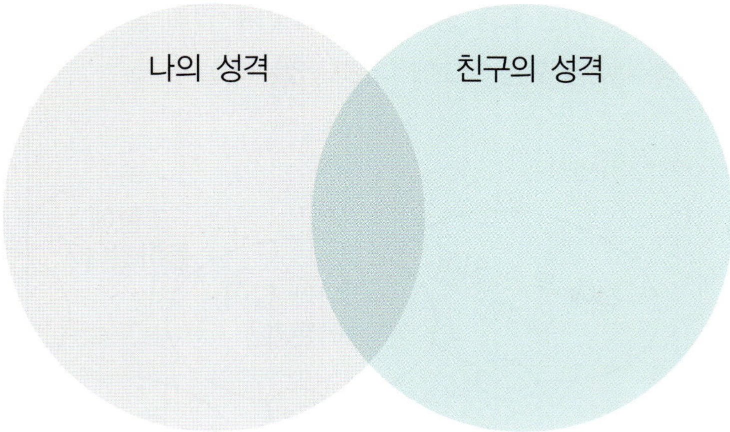

02 여러분은 어떤 성격의 상대방을 찾습니까? 결혼 정보 회사에 보낼 글을 [보기]와 같이 간단히 써 보십시오.

[보기]

안녕하십니까? 저는 YS전자에 다니고 있는 29살 남자입니다. 제 성격이 좀 소심하고 내성적인 편이기 때문에 명랑하고 외향적인 성격의 여성을 소개 받고 싶습니다. 그리고 제가 꼼꼼한 성격이기 때문에 덜렁거리는 여성보다는 저처럼 꼼꼼한 사람이면 좋겠습니다. 하지만 무엇보다도 참을성이 많고 솔직한 여성이어야 합니다. 이런 여성을 소개해 주시면 감사하겠습니다.

문법 연습

-는지/은지/ㄴ지

01 요즘 우리 반 학생들의 행동입니다. 이유를 추측해서 말해 보십시오.

1) 며칠 전부터 리에 씨에게 연락이 되지 않는다.
2) 제임스 씨는 어제 일찍 집에 갔다.
3) 웨이 씨는 매일 여자 친구를 만났는데 요즘 만나지 않는다.
4) 마리아 씨는 요즘 한국말 실력이 아주 많이 좋아졌다.
5) 영수 씨는 요즘 학교에 나오지 않는다.

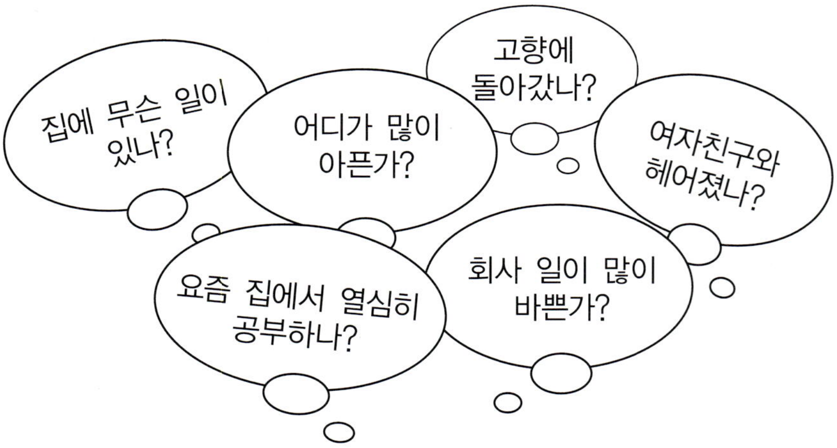

리에 씨에게 연락해 봤어요?

고향에 돌아갔는지 며칠 전부터 리에 씨에게 연락이 되지 않아요.

-다가 보면

02 앞과 뒤를 연결하여 서로 이야기해 보십시오.

1) 세상을 살다가 보면	생각하지 않았던 일들을 경험하기도 합니다.
2) 일에 쫓겨 바쁘게 생활을 하다가 보면	
3) 매일 같은 일만 하다가 보면	
4)	여행을 떠나고 싶을 때도 있습니다.
5)	힘들 때도 있습니다.

1) 세상을 살다가 보면 생각하지 않았던 일들을 경험하기도 합니다.

2) 일에 쫓겨 바쁘게 생활을 하다가 보면

3)

4)

5)

과제 1 말하기

여러분이 이 남자의 여자 친구라면 뭐라고 말할지 이야기해 보십시오.

얼마 전에 만난 나의 남자 친구

- 내 친구들 모임에 가서 말을 거의 하지 않았다.
- 조그만 일에도 화를 잘 낸다.
- 물건을 잘 잃어버린다.
- 친구들을 만나면 항상 자기가 돈을 낸다.
- 영화를 보면서 자주 존다.

이 사람은 얼마 전에 만난 제 남자 친구예요. 정말 잘 생겼죠? 그런데, 성격을 좀 알 수 없는 사람이에요. 얼마 전에 제 친구들 모임에 같이 갔는데, 이 남자는 **수줍음을 많이 타는지** 제 친구들에게 말을 거의 하지 않았어요. 그리고 ....

....

....

....

....

과제 2 읽고 쓰기

01 다음의 음식물을 좋아하는 사람은 어떤 성격의 사람일 것 같습니까? 왜 그렇게 생각합니까?

(1) 매운 음식을 좋아하는 사람
(2) 기름진 음식을 좋아하는 사람
(3) 해산물을 좋아하는 사람
(4) 고기를 좋아하는 사람
(5) 과일을 좋아하는 사람

(ㄱ) 성격이 좀 예민하지만 친구를 좋아해서 친구가 많은 편입니다. 하지만 일을 끝까지 하지 못하는 성격입니다.

(ㄴ) 성격이 좀 급한 편이어서 친구들과 자주 싸우지만 재주가 많습니다. 하고 싶은 것은 곧바로 하려고 하지만 다시 곧 그만두는 좀 변덕스러운 성격입니다.

(ㄷ) 침착하고 참을성이 많아 일을 끝까지 합니다. 내성적이어서 말이 없는 편이며 겉으로 보기에는 부드러워 보이지만 사실은 강한 사람입니다.

(ㄹ) 모험을 좋아하고 아주 적극적인 성격입니다. 그러나 고집이 세서 하려고 하는 일은 꼭 해야 합니다.

(ㅁ) 활달하고 바쁜 생활을 좋아해서 이러한 사람들 중 회사에서 성공하는 사람이 많습니다. 그러나 속마음을 그대로 밖으로 나타내어 다른 사람의 기분을 나쁘게 하기도 합니다.

02 여러분은 어떤 음식을 좋아합니까? 성격 테스트 결과가 잘 맞습니까? 앞에서 여러분의 성격을 나타내는 표현을 찾아 써 보십시오.

장점	단점
• 적극적이다	• 성격이 급하다
•	•
•	•
•	•
•	•

03 입사 지원서를 내려고 합니다. 다음을 읽고 [보기]와 같이 자기소개서를 써 보십시오.

자기 소개서 쓰는 방법

1) 문장을 간결하게 쓴다.
2) 내용을 솔직하게 쓴다.
3) 자신의 장점을 자신있게 표현한다.
4) 자신의 단점을 고치려는 노력을 보여주면서 장점이 될 수 있게 표현한다.
5) 업무에 도움이 될 수 있는 자신의 성격을 적극적으로 나타낸다.

[보기]

저는 대학교에 입학한 후 적극적으로 동아리 활동을 하면서 폭넓은 인간관계를 가지게 되었습니다. 그리고 처음 보는 사람들과도 쉽게 가까워질 수 있고 곧 친한 친구가 될 수 있는 것이 제 성격의 장점입니다. 성격이 좀 급하긴 하지만 이러한 성격은 일이 주어지면 시간 내에 빨리 끝내는 장점으로도 발전될 수 있을 것이라고 생각합니다. 그리고 저는 모험을 좋아해서 새로운 것에 관심이 많아 다양한 언어도 배우고 여러 곳에 여행도 많이 다녔습니다. 그래서 다방면으로 많은 지식을 가지고 있습니다.

이러한 성격은 귀사에서 원하는 영업 업무를 하는 데 많은 도움이 될 것으로 생각됩니다.

02 상상력만 풍부하면 뭘 해요?

학습 목표 ● 과제 적성 알아보기 ● 어휘 직업 관련 어휘 ● 문법 -더니[1], -으면 뭘 해요?

위 직업을 가진 사람들의 성격은 어떨까요?
직업과 성격은 관계가 있을 것 같습니까?

CD1:13~14

마리아 영수 씨, 지난 주말에 면접 보러 가시더니 어떻게 됐어요?

영수 열심히 하긴 했는데 아직 결과는 몰라요. 그런데 마리아 씨는 대학교 졸업하고 취직하실 거예요? 계속 공부하실 거예요?

마리아 글쎄요, 전 아직 결정을 못 했어요. 남들과 똑같이 회사에 취직하고 싶지는 않고요.

영수 마리아 씨는 호기심도 많고 상상력도 풍부하니까 그런 점을 살려서 직업을 선택하면 좋을 것 같아요.

마리아 상상력만 풍부하면 뭘 해요? 회사 생활이 제 적성에 안 맞는데요.

영수 요즘은 여러 가지 직업이 있잖아요. 마리아 씨가 바라는 것처럼 자유롭게 일할 수 있는 직업이 있을 거예요.

취직하다
남
호기심
상상력
풍부하다
살리다

어휘

01 여러분이 알고 있는 직업을 써 보십시오.

-사	-가	-수	-원	-자	기타
마술사 판사	사업가 건축가	선수 목수	승무원 공무원	기자 성직자	연예인 프로게이머

02 빈칸을 채우고 그 이유를 [보기]와 같이 이야기해 보십시오.

앞으로 없어질 것 같은 직업	우편배달원,
앞으로 인기가 있을 것 같은 직업	컴퓨터 프로게이머,
미래에 새로 생길 직업	인공지능 로봇 프로그래머,

[보기]

제 생각에는 **우편배달원** 같은 직업은 앞으로 없어질 것 같아요. 미래에는 모든 우편 업무를 인터넷이나 이메일로 할 수 있을 테니까요. 또한 소포같은 우편물도 로봇이 배달할 수 있을 거라고 생각해요.

문법 연습

-더니[1]

01 오래간만에 동창회에서 친구들을 만났습니다. 그 친구들에게 뭐라고 말할까요?

옛날 우리 반 친구들 중

1) 마이클 씨는 항상 열심히 공부했다.
2) 유진 씨는 유엔에서 일할 거라고 했다.
3) 샐리 씨는 졸업하자마자 결혼할 거라고 했다.
4) 유카 씨는 세계일주 여행을 해 보고 싶다고 했다.
5) 스티븐 씨는 가수가 되려고 학원에 다니며 열심히 연습했다.

마이클 씨, 항상 열심히 공부하더니 좋은 회사에 취직했어요?

-으면 뭘 해요?

02 동건 씨는 좀 부정적인 사람입니다. 동건 씨가 뭐라고 말할까요?

동건 씨는 돈이 많아서 좋겠어요. 부러워요.

동건 씨 집은 정말 크고 좋네요.

동건 씨는 노래도 정말 잘하시는군요.

동건 씨 동생이 1등을 했다면서요?

동건 씨 여자 친구는 정말 예뻐요.

돈이 많으면 뭘 해요? 건강해야지요.

과제 1 쓰고 말하기

다음은 오랜만에 동창회에 간 정우 씨의 이야기입니다. 친구들이 어떻게 되었습니까?

어제는 고등학교를 졸업하고 20년 만에 친구들을 만났다. 다들 이제는 중년의 아저씨들이 되어 있었다. 각자 자신의 직장에서 자리를 잡고 이제는 어느 정도 여유도 있어 보였다. 그런데 재미있는 것은 친구들의 성격에 직업이 그대로 나타나는 것이었다. 대학병원에서 의사로 일하는 병철이는 식당에 오자마자 화장실에 가서 손을 씻고 왔다. 그리고는 의자와 식탁을 휴지로 깨끗이 닦았다. 20년 동안 헤어디자이너로 일을 해 온 희수는 다른 사람의 머리 모양에 관심이 많았다. 인호한테는 지금 머리가 어울리지 않는다고 머리를 조금 더 짧게 잘라 보라고 충고했다. 아나운서가 된 인호는 친구의 발음이 정확하지 않다고 발음을 고쳐 주었다. 요리사가 된 호동이는 음식 맛을 보고는 요리에 대해 이런저런 이야기를 많이 했다. 또 은행원으로 10년 넘게 일을 해 온 민수는 계산이 아주 빠르고 정확해졌다. 우리는 모두 계산이 잘못 된 것을 모르고 그냥 나오려고 했는데, 민수 덕분에 계산을 바로 하고 나올 수 있었다.

1) 병철이는 대학병원에서 의사로 **일하더니** 위생을 중요하게 생각하게 되었어요.

2) ....

3) ....

4) ....

5) ....

과제 2 말하기

01 여러분의 성격에는 어떤 직업이 맞을까요? 성격에 맞는 것을 고르십시오.

		그렇다	그렇지 않다
1	물건을 정리해 두는 것을 좋아한다.	A	
2	무슨 일이든지 빨리 결정한다.		A
3	다른 사람의 문제에 관심이 없다.	B	
4	약간의 스트레스가 있어야 일을 잘 한다.	B	
5	새로운 일에 도전하는 것을 즐긴다.		A
6	여러 사람들 앞에서 내 생각을 말하는 것이 어렵다.	B	
7	결정을 하기 전에 다른 사람의 의견을 많이 듣는다.	C	
8	내가 한 일을 다른 사람에게 자랑하는 편이다.		C
9	자연의 아름다움에 자주 감탄한다.		B
10	어떤 일을 할 때 항상 이기고 싶어한다.		C
11	일할 때 꼼꼼하지 못해서 자주 실수를 한다.		A
12	남들이 하는 말에 별로 신경 쓰지 않는다.		C

A 대답 수	개
B 대답 수	개
C 대답 수	개

A가 많다	언어와 관계된 일	변호사, 공무원, 목사
B가 많다	자료와 관계된 일	은행원, 회계사, 컴퓨터 프로그래머
C가 많다	사람을 돌봐 주는 일	의사, 교사, 사회복지사

02 직업 적성 검사 결과가 맞는 것 같습니까? 다음과 같은 직업은 어떤 성격을 가진 사람에게 좋을까요? 이유를 말해 보십시오.

직업	성격	이유
사람을 돌봐 주는 일 (의사, 사회복지사, 교사)		
영향력이 있는 일 (감독, 경영자)		
언어와 관계된 일 (변호사, 공무원, 목사)		
자료와 관계된 일 (은행원, 회계사, 컴퓨터 프로그래머)		
예술과 관계된 일 (작가, 음악가, 연예인)		

03 성공한 사람들은 보통 다음과 같은 성격을 가지고 있다고 합니다. 여러분은 이 중에서 몇 가지 성격을 가지고 있습니까? 여러분의 성격에 ✔ 하십시오.

- 듕 용기가 있다. ☐
- 드 자신감이 있다. ☐
- 득 자기 자신을 믿고 존중한다. ☐
- 든 이해심이 많고 이해력이 좋다. ☐
- 듣 성취할 목표를 항상 가지고 있다. ☐
- 들 남에게 관심을 가지고 그들을 배려한다. ☐
- 듦 자신의 잘못, 결점까지도 있는 그대로 받아들인다. ☐

03 일을 시작했다 하면 끝까지 해요

학습 목표 ● 과제 성격과 환경과의 관계 토론하기 ● 어휘 환경 관련 어휘 ● 문법 -을 게 아니라, -었다 하면

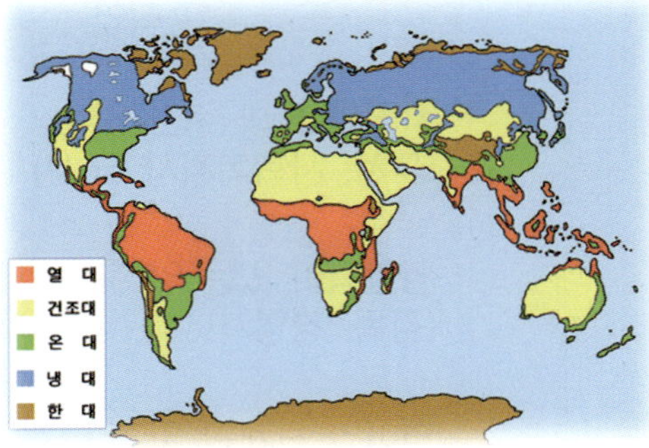

사람의 성격은 변하지 않는 것일까요? 아니면 환경에 따라 달라지는 것일까요?
태어난 순서나 기후와 같은 환경은 성격에 영향을 미칠까요?

CD1:15~16

정희 어제 생일 파티 정말 즐거웠어요. 어제 보니까, 마리아 씨 친구 분이 참 많던데요.

마리아 제가 사람 만나는 걸 좋아하거든요. 정희 씨도 너무 일만 할 게 아니라 사람들과 모임을 자주 만들어 보세요.

정희 전 마리아 씨가 참 부러워요. 성격도 명랑하고 처음 만나는 사람들하고도 잘 어울려서 친구가 많으시잖아요.

마리아 제가 형제가 많은 집에서 자라다 보니 성격이 그렇게 됐나 봐요.

정희 전 외동딸로 자라서 다른 사람을 도와주거나 남에게 양보하는 마음이 좀 부족해요. 어릴 때는 친구들하고도 많이 싸웠지요.

마리아 그래도 정희 씨는 저와는 달리 한번 일을 시작했다 하면 끝까지 열심히 하시잖아요.

즐겁다
자라다
외동딸
부족하다
싸우다
달리

어휘

장남 차남	-남 -녀	부유하다	빈곤하다	
습하다	건조하다	서늘하다	쌀쌀하다	화창하다

01 기후, 가족 관계, 생활 환경과 관련된 어휘를 쓰십시오.

〈기후〉	〈가족 관계〉	〈생활 환경〉
춥다, 덥다, 선선하다,	장녀, 외아들,	가난하다, 부유하다,

02 여러분은 성격이 다음과 같은 환경에 영향을 받는다고 생각합니다? [보기]와 같이 이야기해 보십시오.

기후	[보기] 저는 사람들의 성격이 기후의 영향을 받는다고 생각합니다. 온화하고 더운 기후의 사람들은 기후의 영향을 받아 성격도 온화하고 느긋하며 추운 지방의 사람들은 부지런하고 적극적인 것을 알 수 있습니다.
가족 관계	
생활 환경	

YONSEI KOREAN 4

문법 연습

-을/ㄹ 게 아니라

01 문제에 대해 충고해 주십시오.

잠이 안 와서 밤 늦게까지 텔레비전을 봤는데 오히려 잠이 더 안 오더군요.

너무 더워서 에어컨을 오래 켜 놓으니까 머리가 아프 더군요.

숙제를 열심히 하는데도 성적이 별로 오르지 않아요.

싸고 좋은 하숙집을 인터넷으로 찾고 있어요.

제 방 친구와 성격이 너무 안 맞아서 고민이에요.

잠이 잘 안 올 때는 텔레비전을 볼 게 아니라 조용한 음악을 듣는 게 좋아요.

-었다/았다/였다 하면

02 다음 표를 채우고 이야기해 보십시오.

이름	좋아하는 일	얼마나 합니까?
1) 마이클	운동	너댓 시간 정도 합니다.
2) 샐리	쇼핑	한 달 월급을 다 쓰기도 합니다.
3) 영수	컴퓨터 게임	
4) 스티븐	노래 부르는 것	
5) 유카	친구와 이야기하는 것	

1) 마이클 씨는 운동을 좋아해서 운동을 한번 했다 하면 너댓 시간 정도 합니다.

2) 샐리 씨는 쇼핑을 너무 좋아해서

3)

4)

5)

과제 1 말하기

여러분의 형제는 모두 몇 명입니까? 형제들의 성격이 어떻습니까? [보기]와 같이 이야기해 보십시오.

나의 형제	여러분의 형제
형 • 공부를 잘함. • 책임감이 강함. • 부모님 말씀을 잘 들음.	
나 • 공부를 잘 못함. • 호기심이 많음. • 친구들과 노는 것을 좋아함.	
동생 • 공부를 잘함. • 고집이 셈. • 성격이 활달함.	

[보기]

저희 형제는 형하고 저, 동생 모두 세 명입니다. 형은 공부도 잘하고 부모님 말씀도 잘 듣고 해서 부모님께 사랑을 많이 받았어요. 또 책임감도 강해서 한번 일을 시작 **했다 하면** 끝까지 하지요. 하지만 저는 공부도 별로 못하고 친구들과 노는 것만 좋아하고 해서 부모님께 많이 혼났어요. 그렇지만 호기심이 많아서 신기한 것만 봤**다 하면** 궁금증이 풀릴 때까지 잠을 못 자기도 합니다. 제 동생은 공부도 잘하고 성격도 활달해요. 고집이 좀 세서 한번 하겠다고 마음먹은 일은 끝까지 하지요.

과제 2 읽고 말하기

01 다음 어휘의 설명으로 맞는 것과 연결하십시오.

한대 기후 •	• 열대와 온대의 중간 기후
냉대 기후 •	• 1년 내내 더운 기후
온대 기후 •	• 1년 내내 추운 기후
아열대 기후 •	• 사계절의 변화가 뚜렷하고 온화한 기후
열대 기후 •	• 온대와 한대 사이의 기후

02 다음 글을 읽고 질문에 답하십시오.

인간의 몸은 기후의 영향을 받는다고 합니다. 한대 기후에 사는 사람들은 열대 기후에 사는 사람보다 손과 발에 흐르는 피의 양이 많다고 합니다. 이는 추위를 이기기 쉽게 하기 위해서라고 합니다. 열대 지방 사람들은 땀샘의 수가 추운 지방 사람보다 많은데, 이는 땀을 많이 흘려서 체온이 높아지는 것을 방지하기 위해서라고 합니다.

기후는 사람의 성격에도 영향을 주는데, 햇빛이 강한 곳에 사는 사람들은 일반적으로 밝고 명랑하지만 기후 때문에 다소 게으른 경향이 있고, 햇빛이 별로 나지 않고 추운 곳에 사는 사람들은 좀 어둡고 우울하지만 끈기가 있다고 합니다. 유럽의 경우, 독일 북부의 사람들은 좀 어둡고 무뚝뚝하지만 햇빛이 강한 남쪽으로 갈수록 밝고 명랑하며 흥분을 잘 한다고 합니다. 그리고 온난한 기후에 사는 사람들은 야외에서의 생활이 많아서 활동적이지만, 아주 춥거나 아주 더운 지방에 사는 사람들은 날씨 변화가 단순하기 때문에 좀 덜 활동적이라고 합니다.

1) 위 글에서 성격과 관계있는 어휘를 찾아보십시오.

- 밝다,

2) 햇빛은 사람의 성격에 어떤 영향을 미친다고 했습니까? 여러분도 그렇게 생각합니까?

3) 온난한 기후와 아주 덥거나 추운 기후는 사람의 성격에 어떤 영향을 미친다고 했습니까? 여러분도 그렇게 생각합니까?

4) 여러분 나라에서는 지방마다 사람들의 성격이 다릅니까?

03 여러분은 성격이 환경의 영향을 받는다고 생각합니까? 아니라고 생각합니까? 다음에 대해 토론해 보십시오.

	그렇다	아니다
• 기후는 사람의 성격에 영향을 미친다.	□	□
• 태어난 순서는 사람의 성격에 영향을 미친다.	□	□
• 살아온 생활 환경은 성격에 영향을 미친다.	□	□
• 태어나면서 성격은 정해진다.	□	□
• 쌍둥이의 성격은 같다.	□	□
• 남자와 여자의 성격은 태어나면서 정해진다.	□	□

04 귀 기울여 듣지 않으세요

학습 목표 ● 과제 뉴스 듣고 요점 파악하기 ● 어휘 질병 관련 어휘 ● 문법 -을 뻔하다, -는다기에

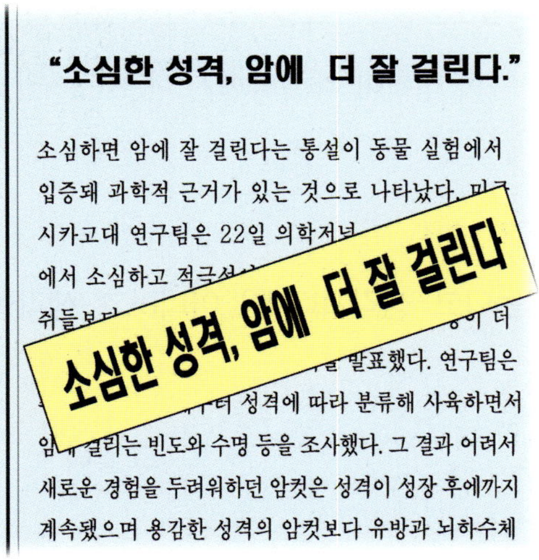
"소심한 성격, 암에 더 잘 걸린다."

소심하면 암에 잘 걸린다는 통설이 동물 실험에서 입증돼 과학적 근거가 있는 것으로 나타났다. 미국 시카고대 연구팀은 22일 의학저널 … 에서 소심하고 적극성 … 쥐들보다 … 더 … 발표했다. 연구팀은 … 성격에 따라 분류해 사육하면서 암에 걸리는 빈도와 수명 등을 조사했다. 그 결과 어려서 새로운 경험을 두려워하던 암컷은 성격이 성장 후에까지 계속됐으며 용감한 성격의 암컷보다 유방과 뇌하수체

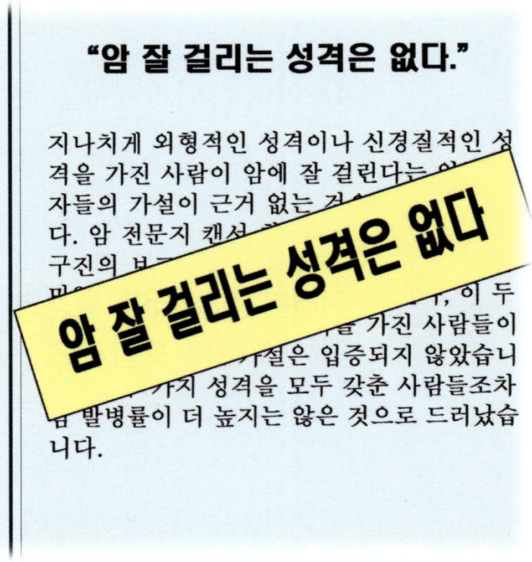
"암 잘 걸리는 성격은 없다."

지나치게 외향적인 성격이나 신경질적인 성격을 가진 사람이 암에 잘 걸린다는 … 자들의 가설이 근거 없는 것 … 다. 암 전문지 캔서 … 구진의 보 … 이 두 … 을 가진 사람들이 … 가설은 입증되지 않았습니 … 가지 성격을 모두 갖춘 사람들조차 … 발병률이 더 높지는 않은 것으로 드러났습니다.

위의 기사에 대해 어떻게 생각합니까?
성격이 건강에 영향을 준다고 생각합니까? 아니면, 건강과 성격은 관계가 없다고 생각합니까?

CD1:17~18

마리아 아버님께서 병원에 입원하셨다고 했는데 좀 어떠세요?

미선 조금만 늦었으면 큰일 날 뻔했어요. 치료가 잘 끝나서 어제 퇴원하셨어요.

마리아 다행이네요. 아버님이 쓰러지셨다고 해서 많이 걱정했거든요.

미선 저희 아버지는 혈압이 높으신데 성격도 급하셔서 가끔 화를 내시면 쓰러지실까 봐 식구들이 걱정하곤 해요.

마리아 저희 아버지도 미선 씨 아버님하고 성격이 비슷하세요. 그런 분들은 명상을 하면 좋다기에 한번 해 보시라고 했는데도 별로 귀 기울여 듣지 않으세요.

미선 저희 아버지도 타고난 성격이 어디 고쳐지겠냐고 하시면서 다른 사람들 말을 잘 안 들으세요. 그러시다가 또 쓰러지실까 봐 걱정이에요.

쓰러지다
혈압
명상
귀 기울이다
타고나다

어휘

01 신체의 부위를 써 보십시오. 다음 병은 어느 부위와 관계가 있는 병입니까?

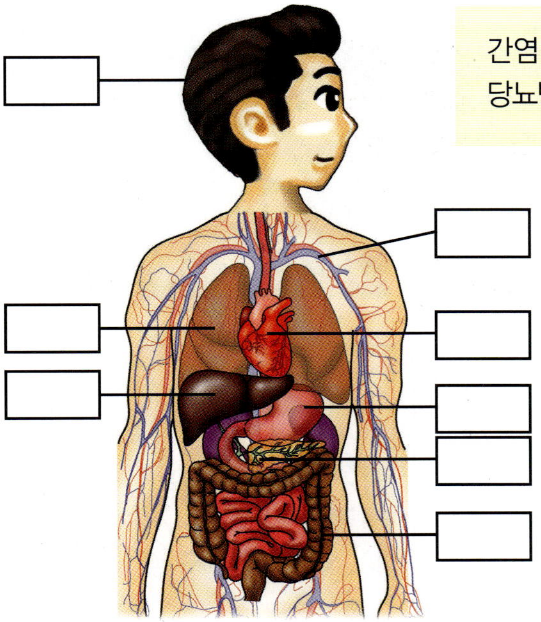

간염 두통 위염 장염 치매 폐렴 뇌졸중
당뇨병 심장병 동맥경화 소화불량

1) 머리 : **두통,** □□ , □□□
2) 심장 : □□□
3) 위 : □□□□, □□
4) 혈관 : □□□□
5) 간 : □□
6) 췌장(인슐린) : □□□
7) 폐 : □□
8) 장 : □□

02 다음 기사의 빈칸에 알맞은 어휘를 쓰십시오.

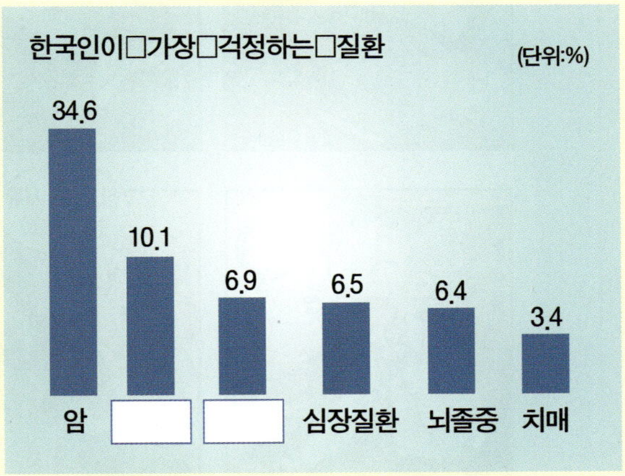

한국인이 가장 걱정하는 질환 1위는 지난해에 이어서 올해도 암이었고, 실제로 이것이 한국인의 사망 원인 1위라고 한다. 2위는 고혈압이고, 3위가 당뇨병 인데 이는 인슐린 부족으로 생기는 병으로, 식이요법과 운동요법을 같이 해야 한다. 그 다음으로 한국인이 걱정하는 질병은 심장과 관련된 질병 이다. 예전에는 나이가 많은 노인들에게서 주로 나타나던 ________ 이나/나 ________ 이/가 요즘은 젊은 사람 중에서도 나타나고 있다. 이는 유전적인 원인도 있지만 식생활의 변화 때문에 생기는 경우도 있다고 한다. 따라서 이를 예방하기 위해서는 비만을 가져올 수 있는 식사와 생활 습관을 조절하는 것이 무엇보다도 중요하다.

문법 연습

-을/ㄹ 뻔하다

01 다음 만화를 보고 대화를 완성하십시오.

-는다기에/ㄴ다기에/다기에

02 다음은 변명을 많이 하는 사람의 이야기입니다. 다음과 같은 경우에 이 사람은 어떤 변명을 할까요? 이야기해 보십시오.

경 우	이 유
1) 오늘 학교에 늦었다.	뉴스에서 오늘은 차가 별로 안 막힌다고 했어요.
2) 숙제를 안 해 가지고 왔다.	친구들이 오늘 선생님이 안 오신다고 했어요.
3) 약속시간에 늦게 나왔다.	
4) 내일 시험이 있는데 극장에 가서 영화를 보고 왔다.	
5) 돈이 없는데도 백화점에 가서 카드로 물건을 많이 샀다.	

오늘 학교에 왜 늦었어요?

뉴스에서 오늘은 차가 별로 안 막힌다기에 다른 때보다 좀 늦게 나왔죠, 뭐.

과제 1 말하기

여러분이 건강에 대한 이야기를 듣고 그대로 한 후의 결과에 대해 [보기]와 같이 이야기해 보십시오.

내가 들은 건강 이야기	결과
성격이 예민한 사람에게는 단 음식이 좋다.	성격이 좀 느긋해진 것 같다.
아이에게 안경을 씌우면 눈이 더 나빠진다.	아이의 눈이 더 나빠졌다.
명상을 하면 급한 성격을 고칠 수 있다.	
머리를 자주 감으면 머리가 더 잘 빠진다.	

[보기]

저는 성격이 좀 예민하고 신경질이 많은 편이었습니다. 그런 사람들에게는 단 음식 이나 과일이 **좋다기에** 자주 먹었습니다. 그렇게 해 보니 확실히 성격이 많이 느긋해진 것 같습니다. 여러분도 짜증이 날 때는 과일 이나 초콜릿을 드셔 보세요.

[보기]

저희 아이는 눈이 나쁩니다. 너무 어렸을 때부터 안경을 씌우면 눈이 더 **나빠진 다기에** 의사가 안경을 씌우라고 했는데도 안경을 씌우지 않았습니다. 그런데 한 1년쯤 있다가 안과에 가 보니 처음 시력보다 눈이 많이 나빠져 있었습니다. 여러분은 저 같은 실수를 하지 마세요. 아이의 눈이 나빠진 것 같으면 빨리 안과에 가서 의사가 하라는 대로 하세요.

과제 2 듣고 말하기 [CD1:19]

01

여러분은 다음에 대해 어떻게 생각합니까? 그리고 왜 그렇게 생각하는지 이야기해 보십시오.

	그렇다	아니다
• 성격이 급하면 심장병에 더 잘 걸린다.	☐	☐
• 작은 일에도 신경을 많이 쓰는 사람은 위장병에 잘 걸린다.	☐	☐
• 내성적이고 말이 없는 사람은 암에 더 잘 걸린다.	☐	☐
• 성격이 낙천적인 사람은 더 오래 산다.	☐	☐
• 뭐든지 완벽해야 하고 고집이 센 사람은 변비에 잘 걸린다.	☐	☐

02

1. 다음 뉴스들은 성격과 건강의 관계에 대한 것입니다. 맞는 것에 ✔ 하십시오.

	성격은 건강과 관계가 있다	성격은 건강과 관계가 없다
뉴스 1		
뉴스 2		
뉴스 3		
뉴스 4		
뉴스 5		

2. 뉴스를 다시 듣고 들은 내용과 같은 것에 ✓하십시오.

1) 듕 이 조사는 미국 시카고 시민을 대상으로 이루어졌다. ☐
   드 소극적인 성격의 쥐가 모험심이 강한 쥐에 비해 암에 더 많이 걸렸다. ☐

2) 듕 성격이 예민한 사람들이 암에 잘 걸린다는 말은 사실이 아니다. ☐
   드 외향적인 사람은 다른 사람에 비해 암이 더 잘 생긴다. ☐

3) 듕 수줍음을 많이 타는 남자는 심장마비에 걸릴 위험이 높지 않다. ☐
   드 수줍음을 많이 타는 남자는 잘 움직이지 않고 집에만 있는 경우가 많다. ☐

4) 듕 꼼꼼한 성격은 암에 잘 걸린다는 말은 사실이 아니다. ☐
   드 우울증이나 불안증이 있으면 유방암에 걸릴 가능성이 높다. ☐

5) 듕 느긋하고 낙천적인 사람은 살찔 가능성이 많다. ☐
   드 외향적인 사람은 내성적인 사람보다 마른 편이다. ☐

03 여러분은 들은 뉴스에 동의합니까? 그 이유는 무엇입니까? [보기]와 같이 이야기해 보십시오.

요약	예시
1) 소심한 쥐가 암에 잘 걸린다.	선배 중 소심한 선배가 있는데, 성격이 예민해서 스트레스를 많이 받는 것 같다.
2)	
3)	
4)	
5)	

[보기]

저는 소심한 쥐가 암에 잘 걸린다는 얘기가 어느 정도 맞다고 생각합니다. 왜냐하면 제 선배 중 소심한 선배가 있는데, 그 선배는 성격이 예민해서 스트레스를 많이 받는 것 같았습니다. 제가 듣기에 암이 생기는 가장 큰 원인 중 하나가 스트레스라고 하니까, 아무래도 소심하고 예민한 성격이 암에 잘 걸릴 것 같습니다.

05 정리해 봅시다

• 어휘

01 '가'와 '나'의 어휘 중 서로 어울리는 것을 연결하여 쓰십시오.

가			
귀	낯	정	성격
적성	면접	혈압	명상
수줍음	상상력		

나			
타다	많다	맞다	보다
높다	하다	가리다	급하다
풍부하다		기울이다	

귀(를) 기울이다,

02 빈칸에 알맞은 어휘를 쓰십시오.

남 달리 적극적 외동딸 즐겁다 싸우다 부족하다 취직하다 타고나다

1) 영수 씨는 성격이 활달하고 ________이라서/라서 친구를 쉽게 잘 사귀는 편이에요.
2) 저는 동생도 오빠도 언니도 없는 ________이에요/예요.
3) 요즘 불경기여서 ________기가 너무 어렵다고 해요.
4) 외모나 성격은 ________는 것이기 때문에 쉽게 고칠 수 없어요.
5) 저는 가수이지만 제 딸은 저와는 ________노래를 잘 못해요.
6) 나보다는 ________을/를 먼저 생각하는 것이 쉬운 일은 아니다.
7) 지금 받는 월급으로 우리 다섯 식구가 생활하려면 많이 ________어요/아요/여요.
8) 어릴 때 동생과 ________으면/면 엄마는 항상 저만 혼내셨어요.
9) 1주일만 있으면 방학인데, 방학에 고향에 돌아갈 것을 생각만 해도 ________어요/아요/여요.

• 문법

다음 대화를 완성하십시오.

저는 유진입니다. 오늘 일을 내일로 미루는 것을 제일 싫어해요. 그래서 오늘 일은 반드시 오늘 안으로 끝냅니다.

동료 : 김유진 씨, 빨리 퇴근합시다.
유진 : 먼저 퇴근하세요. 저는 이 일 끝내고 퇴근하겠습니다.
동료 : 정말 유진 씨 성격은 알아줘야 해요. ______________ 었다/았다/였다 하면 ______________ 으니/니 말이에요. ______________ 을/ㄹ 게 아니라 좀 쉬어 가면서 하세요.
유진 : 꼭 성격 때문만은 아니에요. 내일 약속도 있고 해서 오늘까지 일을 끝내고 가려고요.
동료 : 참, 그런데 오늘이 결혼기념일이라고 하지 않으셨어요?
유진 : 아참, 일 때문에 깜빡했네요. 말해 주지 않았으면 ______________ 을/ㄹ 뻔했어요. 빨리 가 봐야겠네요.

저는 민호입니다. 수줍음이 많죠. 처음 만나는 사람들 앞에서는 거의 말을 못합니다. 술을 마시고 이야기를 해 보려고 했지만 소용이 없었습니다.

친구 : 민호야, 어제 동아리 첫 모임은 어땠어? 재미있었어?
민호 : 재미있기는. 구석에 가만히 앉아만 있다가 왔어. 말이 잘 안 나올 때는 ______________ 는다기에/ㄴ다기에/다기에 그렇게 해 봤는데 별로 소용이 없더라.
친구 : 그래? 그러면 웅변 학원에 한번 다녀 봐. ______________ 다 보면 다른 사람 앞에서 말하는 것이 별로 떨리지 않을 테니까.

제 딸 영희는 궁금한 것을 못 참아요. 그래서 궁금한 것이 있으면 꼭 물어봐야 돼요. 그 문제가 해결되지 않으면 밥도 못 먹을 정도예요.

이웃사람 : 영희 엄마, 딸이 공부를 잘 해서 정말 좋으시겠어요.
영희 엄마 : ....으면/면 뭘 해요? 성격이 좋아야지요.
이웃사람 : 아니, 왜요?
영희 엄마 : 제 딸은 궁금한 것이 있으면 못 참아요. 그것이 해결될 때까지 주위 사람들을 괴롭히지요. 지난 주에 학교에 잠깐 갔었는데 ....는지/은지/ㄴ지 선생님 뒤를 졸졸 따라다니면서 계속 질문을 하는 거예요.
이웃사람 : 뭘 그런 걸 가지고 걱정을 하세요? 아이니까 호기심이 많아서 그럴 수도 있지요.
영희 엄마 : 그 정도면 걱정도 안 해요. 어제는 모르는 걸 안 가르쳐 준다고 하면서 ....더니 ....

• 말하기

01 가족 중 첫째의 성격은 어떻습니까? 그리고 막내의 성격은 어떻습니까?

02 여러분 성격을 테스트해 보십시오.

1–절대로 아니다　　2–가끔 그렇다　　3–자주 그렇다　　4–항상 그렇다

1. 일을 하기 전에 계획을 세운다. 1 2 3 4
2. 다른 사람에게 감동을 주고 싶다. 1 2 3 4
3. 내가 실력이 없다는 것을 피하기 위해 노력한다. 1 2 3 4
4. 어린 시절 삶이 불공평하다고 생각해 본 적이 있다. 1 2 3 4
5. 새로운 일에 도전하는 것을 좋아한다. 1 2 3 4
6. 가족이나 친구를 걱정한다. 1 2 3 4
7. 다른 사람의 기분을 상하지 않게 주의한다. 1 2 3 4
8. '해 주시면 감사하겠습니다'라는 말을 많이 사용한다. 1 2 3 4
9. 두려운 일은 하지 않는다. 1 2 3 4

10. 사람을 잘 믿지 않는다.	1 2 3 4
11. 방해받는 것을 싫어한다.	1 2 3 4
12. 할 말을 미리 연습한다.	1 2 3 4
13. 작은 일에 신경을 많이 쓴다.	1 2 3 4
14. 아무 걱정이 없는 사람처럼 행동한다.	1 2 3 4
15. 아무도 내 말을 들어주지 않는 것 같다.	1 2 3 4
16. 집에 혼자 있는 것을 좋아한다.	1 2 3 4
17. 거절을 잘 못한다.	1 2 3 4
18. 만족스러운 것이 하나도 없다고 생각한다.	1 2 3 4
19. 어떤 일을 하라는 소리를 들으면 화가 난다.	1 2 3 4
20. 따돌림 당하는 기분이 든다.	1 2 3 4

위에 표시한 숫자를 아래에 적어 보십시오.

가	나	다	라	마
1.	2.	3.	4.	5. ....
6.	7.	8.	9.	10. ....
11.	12.	13.	14.	15. ....
16.	17.	18.	19.	20. ....
합계	....	....	....	....

03 위의 합계 중 가장 높은 점수의 유형이 여러분의 성격 유형입니다.
여러분은 첫째의 성격이 강합니까? 막내의 성격이 강합니까? 이야기해 보십시오.

가 : 심리적 외동아들 또는 외동딸
나 : 심리적 첫째
다 : 심리적 둘째
라 : 심리적 셋째
마 : 심리적 넷째

문화 체질과 성격

조선시대의 유명한 한의사인 이제마는 사람의 체질을 네 가지로 나누고 각 체질에 따라 치료를 달리 해야 한다는 사상의학의 창시자입니다. 이에 따르면, 사람의 체질은 크게 태양인과 태음인, 소양인과 소음인의 네 가지로 나눌 수 있다고 합니다.

먼저 태양인은 목이 굵고 머리가 크며 가슴 윗부분이 발달하였지만 엉덩이가 작고 하체가 약해 오래 서 있거나 걷기를 힘들어 합니다. 잔병은 별로 없으나 한 번 병에 걸리면 심각한 병인 경우가 많습니다. 머리가 좋고 자존심이 강하고 지도력이 있으며, 진취적이어서 한 번 결정하면 뒤로 물러서지 않습니다.

태음인은 대체로 뚱뚱하고 땀이 많습니다. 코나 기관지, 피부 등에 병이 많이 생기고 나이가 들어서는 고혈압이나 심장병 등을 조심해야 합니다. 참을성이 많고 성격이 느긋합니다. 그러나 몸을 움직이는 것을 싫어하여 게으르기 쉽고 사치나 도박을 좋아하는 편입니다.

소양인은 열이 많고 더위를 많이 탑니다. 허리가 약하고 변비에 걸리기 쉽습니다. 성격이 활달하고 사교적이어서 친구가 많습니다. 책임감과 명예심이 강하여 용감하고 일을 깔끔하게 처리합니다. 집안에 있는 것보다는 나가서 활동하는 것을 좋아합니다. 그러나 성격이 급해서 실수하는 경우도 많습니다.

소음인은 소화 기관이 약해 잘 체하고 찬 것을 먹으면 설사를 하기도 합니다. 추위를 잘 타고 한숨을 잘 쉬는 것도 소음인의 특징입니다. 꼼꼼해서 실수를 잘 하지 않으며 감성이 풍부합니다. 밖에서 활동하기보다는 집안에 있는 것을 좋아합니다. 친구도 여러 사람을 사귀는 것보다는 몇 사람과 깊이 사귑니다. 그러나 소심하고 우유부단한 경우가 많습니다.

1. 여러분은 어떤 체질입니까? 그리고 여러분의 체질에 따른 성격은 앞에서 설명한 것과 비슷합니까?

2. 여러분 나라에도 이와 비슷하게 체질과 성격을 관련지어 이야기합니까?

문법 설명

01 -는지/은지/ㄴ지

뒤에 나오는 문장에 대한 확실하지 않은 막연한 이유를 나타낼 때 쓴다. 동사나 '-었-' 뒤에서는 '-는지', 받침 있는 형용사 뒤에서는 '-은지', 받침 없는 형용사 뒤에서는 '-ㄴ지'를 쓴다.

- 가 : 철수 씨 요즘 어떤 것 같아요?
  나 : 글쎄요. 요즘 바쁜지 통 소식이 없네요.
- 가 : 오늘은 집이 조용하네요.
  나 : 네, 아이들이 오늘은 일찍 자는지 조용해요.
- 가 : 수미 씨 집에 전화하셨어요?
  나 : 네, 했는데요. 집에 아무도 없는지 전화를 받지 않으시네요.
- 가 : 오늘 버스에 정말 사람이 없었어요.
  나 : 맞아요. 학생들이 방학을 했는지 버스에 사람이 없었어요.
- 가 : 시내에서 사고가 났는지 너무 차가 밀렸어요.
  나 : 그런 게 아니라 시내 백화점 세일이 있어서 그래요.

02 -다가 보면

어떠한 행위를 계속 하거나 그러한 상태가 지속되면, 새로운 사실이 나타나거나 어떠한 상태가 될 때 쓴다. '-다가'는 줄여서 '-다'로도 쓸 수 있다.

- 사람이 살다가 보면 예상하지 못했던 일들이 많이 일어난다.
- 이 책을 읽다가 보면 옛날 사람들의 생활과 사고방식에 대해 잘 알게 될 것이다.
- 그렇게 자기 주장만 하다가 보면 불이익을 당할 수도 있습니다.
- 처음엔 적응이 어렵겠지만 꾸준히 노력하다 보면 차차 적응이 될 것이다.
- 처음에는 서로를 이해하기 어려워도 자주 만나 얘기하다 보면 서로를 잘 이해하게 될 거예요.

03 –더니[1]

과거에 보거나 들은 사실 이후의 결과에 대해 질문하거나, 그러한 사실이 이유와 원인이 되어 어떠한 결과를 낳았을 때 쓴다.

- 어제 면접 보러 가시더니 면접 잘 보셨어요?.
- 여자친구와 영화 보러 가더니 영화는 재미있게 봤니?
- 그 애가 빨리 뛰어가더니 넘어지고 말았다.
- 그 아이가 열심히 공부하더니 역시 수석을 차지했군요.
- 아이가 하루 종일 밖에서 놀더니 피곤한 모양인지 잠이 들고 말았다.

04 –으면/면 뭘 해요?

그러한 조건을 가지고 있어도 소용이 없거나 쓸모가 없을 때 쓴다. 받침이 있는 용언 앞에는 '–으면', 받침이 없는 용언 앞에는 '–면'을 쓴다.

- 가 : 영석 씨는 얼굴도 잘 생기고 멋있어서 좋으시겠어요.
  나 : 얼굴이 잘 생기고 멋있으면 뭘 해요? 공부를 잘 해야지요.
- 가 : 그 분은 요즘 사업이 잘 되어서 좋겠어요.
  나 : 사업이 잘 되면 뭘 해요? 요즘 가정 문제 때문에 얼마나 힘든데.
- 가 : 마이클 씨는 한국어 발음이 아주 정확하시군요.
  나 : 발음만 정확하면 뭘 해요? 어휘나 문법을 잘 모르는데.
- 가 : 미선 씨는 친구가 많아서 좋으시겠어요.
  나 : 친구가 많으면 뭘 해요? 어려울 때 도와주는 친구가 없는데.
- 가 : 시험 공부를 좀 더 열심히 할 걸 그랬어요.
  나 : 이제야 후회하면 뭘 해요?

05 -을/ㄹ 게 아니라

'-을 것이 아니라'의 줄어든 말이며, 앞의 행동을 선택하지 않고 뒤의 행동을 선택할 것을 제안하거나, 앞의 행동을 선택한 것에 대해 뒤의 행동을 선택함이 더 나았을 거라는 후회나 원망을 나타낼 때 쓴다. 받침 있는 동사 뒤에는 '-을 게 아니라', 받침 없는 동사 뒤에는 '-ㄹ 게 아니라'를 쓴다.

- 이렇게 날씨 좋은 날, 집에만 있을 게 아니라 공원에 산책이라도 가자.
- 전화로 사과할 게 아니라 직접 찾아가서 사과를 하세요.
- 읽기를 잘 하고 싶으면 교과서만 읽을 게 아니라 신문이나 잡지 같은 것도 읽어 보세요.
- 한 사람의 말만 들을 게 아니라 여러 사람의 말을 들었으면 그런 실수는 하지 않았을 거예요.
- 회사가 별로 마음에 안 들어도 무조건 그만둘 게 아니라 다른 직장을 먼저 알아보고 그만두는 게 좋았을 거예요.

06 -었다/았다/였다 하면

앞 문장의 행동을 하면 반드시 항상 뒤 문장의 행동을 하게 되었을 때 쓴다. 뒤에 '항상, 으레' 등의 부사가 잘 나타난다.

- 저는 그 친구를 만났다 하면 항상 집에 늦게 들어가요.
- 그 사람은 약속을 했다 하면 으레 늦어요.
- 저는 지하철에서 자리에 앉았다 하면 으레 졸아요.
- 저는 비오는 날 우산을 가지고 나갔다 하면 항상 잃어버려요.
- 그 사람은 노래방에서 마이크를 잡았다 하면 혼자 열 곡을 불러요.

07 -을/ㄹ 뻔하다

잘못하면 그렇게 될 상황이었지만 그렇게 되지 않았을 때 쓴다. 앞에 '거의, 잘못하면, 까딱하면, 하마터면' 등의 부사가 잘 나타난다. 받침이 있는 동사 뒤에는 '-을'을, 받침이 없는 동사 뒤에는 '-ㄹ'을 쓴다.

- 조금만 늦었으면 기차를 놓칠 뻔했어요.

- 오늘 늦잠을 자서 하마터면 지각할 뻔했어요.
- 급하게 나가다가 들어오는 사람과 부딪칠 뻔했다.
- 영수 씨는 후다닥 몸을 일으키다 줄에 걸려 넘어질 뻔했다.
- 지난 여름 휴가 때 바다에 놀러 가서 깊은 물속까지 잘난 척하고 헤엄치고 갔다가 물에 빠져 죽을 뻔했어요.

08 -는다기에/ㄴ다기에/다기에

'-다고 하기에'의 준말로, 앞 문장과 뒤 문장을 다른 사람의 말을 인용하면서 이유로 연결할 때 쓴다. 형용사와 '-었-', '-겠-'뒤에는 '-다기에', 받침 있는 동사 뒤에는 '-는다기에', 받침 없는 동사 뒤에는 '-ㄴ다기에'를 쓴다. 인용하는 앞 문장이 의문형인 경우에는 '-냐기에', 명령형인 경우에는 '-라기에', 청유형인 경우에는 '-자기에'를 쓴다.

- 네가 바쁘다기에 도와주러 왔어.
- 친구가 한국으로 돌아왔다기에 그 친구를 보러 갔다 왔어요.
- 백화점에서 할인 행사를 한다기에 백화점에 갔다 왔어요.
- 부장님이 내일까지 이 일을 끝내라기에 밤을 꼬박 새웠어요.
- 친구가 영화를 보러 가자기에 영화관에 갔다 왔어요.

제3과 일상의 문제

01
제목 | 교환을 하고 싶어요
과제 | 교환이나 환불하기
어휘 | 교환, 반품 관련 어휘
문법 | -기에는, -고 보니

02
제목 | 그렇게 시끄러워서야 어디 쉴 수 있겠어요?
과제 | 인터넷 답글 쓰기
어휘 | 피해 관련 어휘
문법 | -어서야 어디 -겠어요?, -는다고 해도

03
제목 | 도대체 잠을 잘 수가 있어야지
과제 | 이웃과의 분쟁 해결하기
어휘 | 분쟁 관련 어휘
문법 | -었더니, -을 수가 있어야지요

04
제목 | 하숙비 반을 돌려 주셔야지요
과제 | 계약 때 주의사항 충고하기
어휘 | 계약 관련 어휘
문법 | -어야지 그렇지 않으면,
-었으면 -고 얼마나 좋았겠어요?

05
정리해 봅시다

- 문화
이웃사촌

01 교환을 하고 싶어요

학습 목표 ● 과제 교환이나 환불하기 ● 어휘 교환, 반품 관련 어휘 ● 문법 -기에는, -고 보니

교환이나 반품이 불가능한 경우

- 제품 불량으로 교환을 하실 때는 같은 제품, 같은 사이즈로만 교환이 가능합니다.
- 반품은 배송 받으신 후 1주일 안에 하셔야 합니다.
- 반품할 때 배송비는 소비자가 부담하셔야 합니다.
- 신중한 구매 부탁드립니다.

여러분은 샀던 물건을 교환하거나 돈으로 바꾼 적이 있습니까? 왜 그렇게 했습니까?
어떤 경우에 교환이나 환불이 불가능합니까?

CD1:20~21

고객 서울전자 고객센터지요? 지난주에 거기서 벽걸이 TV를 샀는데 교환을 했으면 좋겠어요. 우리 거실에 놓기에는 너무 커서요.

직원 지난주에 사셨다고요? 이미 설치한 물건은 교환이 안 됩니다.

고객 산 지 나흘밖에 안 되었는데요. 사용하지도 않았고요.

직원 인수증을 드릴 때 설치 후 교환이나 반품은 안 된다고 분명히 말씀드렸을 텐데요.

고객 다른 방법은 없나요? 설치를 해 놓고 보니 거실 분위기에는 맞지 않아서요. 매장에서 볼 때하고는 다르던데요.

직원 죄송하지만 지금은 도와 드릴 방법이 없습니다.

전자
고객센터
벽걸이
교환
설치하다
나흘
인수증
반품
분명히
매장

어휘

교환 구입 규정 반품 배송 판매 하자 환불 품질보증서

01 다음의 설명을 읽고 빈칸에 맞는 어휘를 쓰십시오.

1) 물건을 파는 것 : □□
2) 물건을 사는 것 : □□
3) 물건의 흠 또는 잘못된 부분 : □□
4) 물건을 산 후에 돈으로 바꾸는 것 : □□
5) 물건을 산 후에 다른 물건으로 바꾸는 것 : □□
6) 어떠어떠해야 한다고 법으로 정해 놓은 규칙 : □□
7) 물건을 산 사람에게 그 물건을 보내 주는 것 : □□
8) 물건을 산 후에 다시 물건을 판 곳으로 돌려보내는 것 : □□
9) 물건을 만든 회사에서 물건을 최소 1년까지 고장 없이 쓸 수 있다는 것을 적어 준 종이 : □□□□□

02 빈칸에 알맞은 어휘를 쓰십시오.

1) 홈쇼핑에서 물건을 산 경우에 30일 안에는 언제든지 **교환** 이나/~~나~~ ________ 이/가 가능합니다. 옷은 15일 안에만 가능하며 가구는 설치했던 경우에는 불가능합니다. 비싼 제품은 상표와 ________ 을/를 반드시 가지고 있어야 가능합니다.

2) 백화점에서는 영수증과 물건을 가지고 오면 14일 안에 교환이나 환불이 가능합니다. 그러나 14일이 지난 후에라도 물건에 ________ 이/가 있으면 교환이나 환불이 가능합니다.

3) 온라인 쇼핑몰에서 물건을 ________ 한 경우에도 교환이나 반품이 가능합니다. 그러나 물건을 ________ 할 때 드는 비용을 고객이 부담해야 하는 경우가 대부분 이므로 제품을 고를 때 주의해야 합니다. 또 ________ 시간이 너무 많이 걸리는 경 우에도 반품이 가능합니다.

문법 연습

-기에는

01 다음 그림을 보고 대화를 완성하십시오.

가 : 우리 모두 여섯 명이니까 피자를 한 판 시키면 되겠지요?

나 : 글쎄요, 여섯 명이 먹기에는 좀 적지 않아요?

가 : 이것은 제가 시킨 김밥이에요. 둘이 같이 먹으려고 다섯 줄 시켰어요.

나 : ______________ 기에는 ______________.

가 : 저는 한 달에 용돈 5만원으로 생활해야 해요.

나 : ______________ 기에는 ______________.

가 : 저 두 사람은 만난 지 한 달 됐는데 다음 주에 결혼할 거래요.

나 : ______________ 기에는 ______________.

가 : 저희 아이는 5학년이 되면 유학을 보낼까 해요.

나 : ______________ 기에는 ______________.

가 : 이 일을 오늘 안으로 다 끝내고 퇴근하세요.

나 : ______________ 기에는 ______________.

–고 보니

02 다음 표를 보고 뒤에 이어질 말을 쓰고 이야기하십시오.

전		후
1) 신촌으로 가는 버스인 줄 알았다	버스를 탔다	반대쪽으로 가는 버스였다
2) 처음 보는 사람인 줄 알았다	그 사람과 인사를 했다	
3) 이사할 집이 교통이 편리할 거라고 생각했다	이사했다	
4) 졸업하기 전에는 빨리 졸업하면 좋을 줄 알았다	졸업했다	
5) 친구인 줄 알았다	어깨를 쳤다	

1) 신촌으로 가는 버스인 줄 알았는데 버스를 타고 보니 반대쪽으로 가는 버스였어요.

2) 처음 보는 사람인 줄 알았는데 그 사람과 인사를 하고 보니

3)

4)

5)

과제 1 쓰기

물건을 샀는데 교환 혹은 환불을 해야 할 것 같습니다. 상황에 맞게 인터넷의 고객 난에 [보기]와 같이 글을 써 보십시오.

여름에 입을 치마가 없어서 인터넷으로 치마를 하나 샀다. 그런데 인터넷에서 본 색과 차이가 있었다. 그리고 치마가 좀 짧고 두꺼운 것 같았다. 그래서 교환하고 싶다.

[보기]

▶ 문의유형	:	교환
▶ 제　목	:	교환하고 싶어요 (35자 이내)
▶ 내　용	:	제가 지난 일요일에 치마를 하나 샀습니다. 그런데 **받고 보니** 제가 생각했던 색이 아니었고, 인터넷으로 봤던 색과 달랐습니다. 저는 선생님인데 **제가 입기에는** 치마 길이도 좀 짧은 것 같습니다. 그리고 저는 여름에 입으려고 치마를 샀는데 **여름에 입기에는** 옷감이 두꺼운 것 같습니다. 그래서 교환을 하고 싶은데 어떻게 하면 됩니까?
▶ 나의 email	:	@

인터넷으로 구두를 하나 샀다. 그런데 직접 신어 보니까 인터넷에서 본 것보다 모양이 안 예뻤다. 나는 백화점에서 일하기 때문에 오래 서 있어야 하는데 구두가 좀 높았다. 그리고 까만색 구두는 이미 너무 많고 봄에 신고 싶은데 색이 어두워서 밝은 색 구두로 바꾸고 싶다.

▶ 문의유형	:	
▶ 제　목	:	(35자 이내)
▶ 내　용	:	
▶ 나의 email	:	@

과제 2 말하기

여러분은 물건을 교환하거나 환불하고 싶을 때 어떻게 이야기합니까? 다음 상황에 맞게 [보기]와 같이 이야기해 보십시오.

인터넷으로 면 셔츠를 샀는데 치수가 맞지 않고 색도 인터넷에서 본 것과 달랐다. 그래서 환불을 하려고 고객센터에 전화를 걸었다. 고객센터에서는 상표를 떼지 않았기 때문에 환불이 가능하다고 했다. 그리고 택배 기사에게 반품할 옷을 주라고 했다.

[보기]

직원 : 안녕하십니까? 고객센터입니다. 뭘 도와드릴까요? 고객님.

고객 : 지난주에 인터넷으로 옷을 샀는데 환불을 하고 싶어서요.

직원 : 네, 무슨 문제가 있습니까?

고객 : 면 셔츠인데 치수도 맞지 않고 색도 인터넷에서 본 것과 달라서요.

직원 : 알겠습니다. 제품에 붙어 있는 상표는 떼지 않으셨지요?

고객 : 네, 떼지 않았습니다.

직원 : 그럼, 환불해 드리겠습니다. 내일 택배 기사님이 가면 물건을 주십시오.

고객 : 네, 고맙습니다.

[상황 1]
얼마 전 백화점에서 값은 좀 비싸지만 맛있다고 하는 사과를 한 상자 샀다. 그런데 집에서 먹어 보니까 별로 달지도 않고 맛도 없었다. 그리고 흠이 있는 사과도 몇 개 있었다. 사과를 두 개 먹었지만 남은 사과를 교환이나 환불을 하고 싶어서 백화점 고객센터에 전화를 걸었다. 백화점 고객센터에서는 환불은 할 수 없고 교환은 가능하다고 했다.

[상황 2]
인터넷 쇼핑몰에서 책을 주문했다. 책이 며칠 후에 배송되었는데 책을 펴니까 책이 반으로 뜯어졌다. 그래서 책을 교환하려고 고객상담센터에 전화를 걸었다. 고객상담센터에서는 책을 쇼핑몰로 보내면 제대로 된 책으로 교환해서 보내 줄 수 있다고 했다.

[상황 3]
부모님을 모시고 제주도에 가려고 여행 상품을 예약하고 돈도 모두 지불했는데 갑자기 어머니가 편찮으셔서 못 가게 되었다. 그래서 여행을 취소하고 환불을 받으려고 여행사에 전화를 걸었다. 여행사에서는 하루 전 취소의 경우 30%의 취소 수수료를 뗀 후 환불이 가능하다고 했다.

02 그렇게 시끄러워서야 어디 쉴 수 있겠어요?

학습 목표 ● 과제 인터넷 답글 쓰기 ● 어휘 피해 관련 어휘 ● 문법 -어서야 어디 -겠어요?, -는다고 해도

여러분은 항상 많은 사람의 의견을 따라야 한다고 생각합니까?
여러 사람의 의견 때문에 여러분이 피해를 본 적이 있습니까?

CD1:22~23

직원 여보세요, 연세아파트 관리사무소입니다.

주민 안녕하세요? 전 지난주에 이사 온 사람인데요. 저녁마다 아파트 스피커에서 나오는 음악 소리가 너무 시끄러워서 전화 드렸어요.

직원 죄송합니다. 우리 아파트에서는 그 시간에 산책이나 운동을 하시는 주민들을 위해 음악을 켜 놓습니다.

주민 그래도 밤 아홉 시까지 음악을 틀어 놓는 건 너무 심하지요. 그렇게 시끄러워서야 어디 집에서 휴식을 취할 수 있겠어요?

직원 시간은 지난 번 주민 회의에서 결정된 겁니다. 전체 회의에서 정해진 것이기 때문에 어쩔 수가 없습니다.

주민 전체 회의에서 결정되었다고 해도 개인의 피해를 무시하면 안 되지 않습니까?

주민
틀다
휴식
취하다
어쩔 수 없다
피해
무시하다

어휘

해	손해	영향	피해	받다	보다
입다	주다	끼치다	미치다	입히다	

01 뒤에 올 수 있는 어휘를 쓰십시오.

해	손해	영향	피해
입히다	끼치다	미치다	주다

02 빈칸에 공통으로 들어갈 어휘를 쓰십시오.

1) 이번 태풍으로 피해 을/를 입은 주민들이 많다.
   단체로 여행할 때 개인행동을 하는 것은 다른 사람에게 피해 을/를 주는 일이다.

2) 유학 생활은 그의 인생에 많은 ________ 을/를 끼쳤다
   폭력 영화는 청소년들에게 나쁜 ________ 을/를 줄 수 있다.

3) 미국에서 물건을 수입했는데 잘 팔리지 않아서 1억 원 이상의 ________ 을/를 봤다.
   회사 직원의 실수로 회사가 큰 ________ 을/를 입었다.

4) 대기 오염은 사람의 건강에 ________ 을/를 끼칠 수 있다.
   겨울철에 갑자기 기온이 내려가 농작물이 ________ 을/를 입는 경우가 있다.

문법 연습

–어서야/아서야/여서야 **어디 –겠어요?**

01 다음의 상황을 보고 대화를 만들어 보십시오.

친구의 계획	친구의 계획이 잘 안 될 것 같아요. 왜냐하면···
1) 옷가게를 하려고 한다.	경기가 안 좋다.
2) 외교관이 되고 싶다.	외국어 공부를 싫어한다.
3) 이번 주말에 교외로 놀러 가려고 한다.	차가 많이 밀린다.
4) 시험 공부를 하려고 한다.	밖이 시끄럽다.
5) 아나운서가 되고 싶다.	발음이 정확하지 않다.

저는 다음 달부터 옷가게를 하려고 해요.

요즘처럼 이렇게 경기가 안 좋아서야 어디 가게를 할 수 있겠어요? 경기가 좀 더 좋아지면 하세요.

-는다고/ㄴ다고/다고 해도

01 다음과 같은 상황에 대해서 여러분은 뭐라고 하시겠습니까? 이야기해 보십시오.

1) 제가 너무 바빠서 할 일을 못했어요.

😊 바쁘면 그럴 수도 있지요.

😠 바쁘다고 해도 자기가 할 일은 해야지요.

2) 한국말이 너무 어려워서 포기할까 하는 생각이 들어요.

😊

😠

3) 아이들이 말을 안 들으면 매를 들어서 가르쳐야 합니다.

😊

😠

4) 저는 장남이 부모님을 모셔야 한다고 생각합니다.

😊

😠

5) 직장 상사 때문에 기분이 나빠서 회사를 그만두겠다고 말해 버렸어요.

😊

😠

과제 1 말하기

안내문을 보고 [보기]와 같이 이야기해 보십시오.

아파트 부녀회에서 알려드립니다.

1. 아파트 안으로 학원버스는 절대로 다닐 수 없습니다.
2. 날씨가 더워지는 6월부터 9월까지는 에너지 절약을 위해 아파트 전체 난방을 하지 않습니다.
3. 재활용 쓰레기는 반드시 지정된 날에만 버려 주시기 바랍니다. 매주 월요일 오후 2시부터 12시까지입니다.

부녀회의 결정 사항 중

	불만스러운 것
학원버스가 아파트 안으로 다닐 수 없다.	
6월부터 9월까지 난방을 하지 않는다.	
재활용 쓰레기는 지정된 날에만 버려야 한다.	

[보기]

여자1 : 오늘 아침 1층 엘리베이터 옆에 붙어 있는 안내문 봤어요?

여자2 : 네, 아무리 부녀회에서 **정한 거라고 해도** 우리의 의견이 무시된 것 같아 좀 속상해요.

여자1 : 그래요. 하지만 결정 사항이 좀 **불만스럽다고 해도** 이미 결정된 거니까 어쩔 수 없이 따라야지요. 뭐.

여자2 : 학원버스를 **못 다니게 해서야 어디** 마음놓고 아이를 유치원에 **보낼 수 있겠어요?**

지난 18일 회사 측과 회의한 사항을 알려 드립니다.

1. 올해 임금은 2% 인상한다.
2. 휴일 수당을 5% 인상한다.
3. 유급 휴가는 현재와 같이 1년에 20일로 한다.

회사의 결정 사항 중

불만스러운 것	다행스러운 것
임금이 조금 올랐다.	임금이 조금이라도 올랐다.
유급 휴가가 적다.	휴일 수당을 5% 인상한다.

과제 2 쓰고 말하기

01 여러분은 다수의 의견 때문에 피해를 본 적이 있습니까?

02 인터넷에 올라온 글을 읽고 답글을 쓰십시오. 그리고 여러분의 의견에 대한 댓글도 받으십시오.

▣ 자유게시판

글쓴이	하숙생		
글번호	104029	등록시간	2008/08/16 03:30:05
조회수	157	추천수	0
제목	하숙집에서 하숙생들끼리 모임을 하는데…		

저는 하숙생활을 하는데 하숙생들끼리 한 달에 한 번씩 모이는 날이 있습니다. 그런데 그 날 모임에 나가지 않으면 벌금을 내게 하고 방마다 돌아가며 모임을 하자고 하네요. 저는 사실 사생활을 중요하게 생각하는 사람이라서 별로 친하지도 않은데 제 방에 다 모여서 노는 것이 불편해요.

목록보기 ▲다음글 ▼이전글

답글 :

댓글 :

■ 자유게시판

글쓴이	직원		
글번호	104030	등록시간	2008/08/16 04:30:05
조회수	146	추천수	0
제목	주말에 모든 직원이 체육대회를 하는데…		

저희 회사에서 한 달에 한 번 주말에 체육대회를 하는데 직원들이 모두 참석해야 한답니다. 저는 몸이 약해서 주말에는 좀 쉬어야 하는데, 회사에서는 체육대회에 나오지 않으면 안 된다고 합니다. 전에 일하던 회사는 아주 자유로운 분위기였는데, 이 회사는 분위기가 권위적이어서 회식 날짜나 장소도 일방적으로 잡아 놓고 참석 안 하면 회사생활에 영향이 있다고 해서 참 힘들어요.

목록보기 ▲다음글 ▼이전글

답글 :

댓글 :

03 여러분이 쓴 답글과 받은 댓글에 대해 이야기해 보십시오.

03 도대체 잠을 잘 수가 있어야지

학습 목표 ● 과제 이웃과의 분쟁 해결하기 ● 어휘 분쟁 관련 어휘 ● 문법 -었더니, -을 수가 있어야지요

위 그림을 보면 두 사람 사이에 어떤 문제가 있는 것 같습니까?
여러분도 이와 같이 이웃 간에, 혹은 친구와 같이 살면서 문제가 생긴 적이 있습니까?

CD1:24~25

남자1 내가 그동안 참았는데 오늘은 너한테 말을 해야겠어.

남자2 무슨 얘긴데? 망설이지 말고 얘기해 봐.

남자1 요즘 너 때문에 며칠 잠을 설쳤더니 병이 날 것 같아.

남자2 왜? 무엇 때문에 그래? 난 조심한다고 음악도 헤드폰으로 듣는데.

남자1 너는 음악도 너무 크게 듣잖아. 그런 데다가 기숙사에 늦게 들어와서 계속 부스럭거리니까 도대체 잠을 잘 수가 있어야지. 한 방에서 같이 지내려면 서로 맞춰 가야 한다고 생각해.

남자2 그래, 알았어. 내가 본의 아니게 네 생활에 방해가 됐구나. 그런데 큰일이다. 난 밤 시간에 일이 더 잘 되는데 …

참다
망설이다
설치다
부스럭거리다
도대체
맞추다
본의 아니게
방해

어휘

따지다	고발하다	고소하다	변명하다	부인하다
불평하다	사과하다	시인하다	합의하다	말다툼하다

01 다음 설명을 읽고 빈칸에 맞는 어휘를 쓰십시오.

1) 잘못한 사실을 인정하다. □□□□
2) 잘못한 사실을 인정하지 않다. □□□□
3) 잘못한 사실에 대해 이유를 말하다. □□□□
4) 잘못한 사실에 대해 용서를 구하다. □□□□
5) 싸운 사람과 문제에 대해 이야기해서 하나의 의견으로 만들다. □□□□

02 빈칸에 알맞은 어휘를 쓰십시오.

1) 소음 문제로 이웃집에 갔다가 **말다툼하** 는 중에 화가 나서 이웃을 때리고 말았다. 그러자 그 이웃 남자는 나를 폭행죄로 법원에 ________겠다고 했다.

2) 많은 직원들이 하는 일에 비해 월급이 너무 적다고 ________지만 그는 묵묵히일만 했다.

3) 지금 저희 집 때문에 피해를 보셨다고 하는데, 사실 피해를 보고 있는 것은 저희 집입니다. 정말 누가 잘하고 잘못했는지 ________아/어/여 볼까요?

4) 얼마 전에 수영장 1년 회원권을 끊었는데, 갑자기 외국으로 가게 되어 남은 금액을 환불해 달라고 수영장에 요청했다. 그런데 수영장에서는 절대로 돌려 줄 수 없다고 한다. 나는 할 수 없이 이 사실을 소비자 보호 센터에 ________었다/았다/였다.

5) 그 친구는 자기가 잘못했다고 잘못을 ________고 나에게 ________었다/았다/였다.

문법 연습

-었더니/았더니/였더니

01 다음 표를 채우고 이야기해 보십시오.

경험한 사실	결과
1) 우울해서 신나는 음악을 들었다.	기분이 좋아졌다.
2) 매일 20분씩 한국드라마를 봤다.	
3) 친구에게 사과를 했다.	
4) 친구에게 여행을 가자고 했다.	
5) 주말에 쉬지 못했다.	

1) 우울해서 신나는 음악을 들었더니 기분이 좋아졌어요.

2) 매일 20분씩 한국드라마를 봤더니

3)

4)

5)

-을/ㄹ 수가 있어야지요

02 다음과 같은 질문을 받으면 어떻게 대답할까요? 상황에 맞게 이야기해 보십시오.

- 왜 이렇게 늦었어요?
- 왜 친구들과 같이 휴가를 가지 않아요?
- 아까 왜 그렇게 화를 내셨어요?
- 친구들에게 왜 도와 달라고 말을 하지 않아요?
- 계획이 다 나왔는데 왜 아직 일을 시작하지 않아요?

상황1 : 사람이 너무 많아서 버스를 탈 수 없었다.
상황2 : 요즘 회사일이 많아서 휴가를 얻지 못했다.
상황3 : 너무 화가 나서 참을 수 없었다.
상황4 : 친구들도 다 바빠서 도와 달라고 할 수 없었다.
상황5 : 사장님의 결재를 못 받아서 일을 시작할 수 없었다.

사람이 너무 많아서 버스를 탈 수가 있어야지요.

과제 1 말하기

다음은 여러 사람과 같이 살면서 생기는 문제들입니다. 상황에 맞게 [보기]와 같이 이야기 해 보십시오.

요즘 윗집 아이들이 밤마다 뛰어다니는 소리 때문에 잠을 잘 수 없다. 그래서 윗집에 얘기했는데 윗집 여자는 아이들이 어리니까 그럴 수도 있는 것 아니냐고 한다.

[보기]

가 : 요즘 많이 피곤해 보이세요.
나 : 그래 보여요? 요즘 통 잠을 못 자서 그래요.
가 : 아니, 왜요? 무슨 걱정거리라도 있어요?
나 : 그런 게 아니라 얼마 전에 윗집이 새로 이사를 왔는데, 아이들이 새벽까지 뛰고 놀아서 잠을 **잘 수가 있어야지요.**
가 : 가서 얘기를 좀 하시지 그랬어요?
나 : 윗집에 올라가서 얘기를 **했더니** 아이들이 어리니까 그럴 수도 있는 거 아니냐고 해요.

아랫집에 피아노를 전공하는 여학생이 있는데 낮이고 밤이고 피아노를 쳐서 신경이 너무 쓰인다. 아랫집에 얘기를 하니까 알았다고 했지만 고쳐지지 않는다.

우리 주인집 할아버지는 내가 아침마다 받아 보는 신문을 항상 먼저 가져다가 읽으신다. 한 번 말씀 드리니까 알았다고 하셨지만 별로 달라지지 않았다.

과제 2 읽고 말하기

01 다음 신문 기사를 읽고 질문에 답하십시오.

아랫집 담배 연기 참을 수 없어

서울 강서구에 사는 김 모(31)씨는 한 달 전부터 집에만 오면 두통에 시달린다. 새로 이사 온 아랫집에서 올라오는 담배 연기 때문이다. 베란다를 막고 방 안에 공기청정기도 놓았지만 소용이 없었다. 아랫집에 몇 번 경고를 했지만 그때마다 "내 집에서 내가 피우 는 것" 이라는 말만 돌아왔다.

아파트, 빌라와 같은 공동 주택 내에서 담배를 피우는 것 때문에 이웃 간에 많은 문제가 나타나고 있다. 김 모 씨처럼 이웃집의 담배 연기와 냄새로 고통 받는 사람들이 많지만 흡연자 역시 자신의 권리를 주장하고 있어서 문제의 해결 방법을 찾기가 쉽지 않다.

김 모 씨는 나도 내 집에서 담배 연기를 맡지 않을 권리가 있다면서, 자기 집이라고 무조건 담배를 피워도 된다고 주장하는 것은 아파트에서 내 집이니까 24시간 쿵쾅거리겠다는 것과 다를 것이 없다고 말했다.

1) 김 모 씨는 아랫집과 어떤 문제가 있습니까?

2) 아랫집 사람은 김 모 씨의 경고에 대해 어떻게 했습니까?

3) 김 모 씨의 생각은 무엇입니까? 모두 ✔ 하십시오.

ㄱ 내 집에서 담배를 피우는 것은 내 권리이다. ☐
ㄴ 내 집에서 담배 연기를 맡지 않을 권리가 있다. ☐
ㄷ 내 집에서는 24시간 시끄럽게 해도 상관없다. ☐
ㄹ 공동 주택에서 담배 연기로 이웃에게 피해를 주어서는 안 된다. ☐

02 여러분은 어떤 사람이 옳다고 생각하십니까? 두 이웃은 이 문제를 어떻게 해결하는 것이 좋겠습니까?

03 다음과 같은 문제에 대해 여러분은 어떻게 생각합니까? 토론해 보십시오.

옆집에 새 이웃이 이사를 왔습니다. 그런데 옆집의 개소리 때문에 잠을 잘 수 없습니다. 어떤 날은 조용하지만 주인이 조금 늦는 날에는 주인이 들어올 때까지 끙끙거리는 소리가 계속 들립니다. 제가 그 문제에 대해 이야기하니까 옆집 사람은 너무 죄송하다고 사과를 하긴 했습니다. 하지만 개가 너무 불쌍해서 짖지 못하게 수술을 하기는 어렵다고 하면서 저에게 이해해 달라고 합니다.

04 하숙비 반을 돌려 주셔야지요

학습 목표 ● 과제 계약 때 주의사항 충고하기 ● 어휘 계약 관련 어휘 ● 문법 -어야지 그렇지 않으면, -었으면 -고 얼마나 좋았겠어요?

위 그림을 보면 두 사람 사이에 어떤 문제가 있는 것 같습니까?
여러분도 이와 같이 집 주인과 문제가 생긴 적이 있습니까?

CD1:26~27

리에 아주머니, 제가 다음 주부터 아르바이트를 하게 되어서 아르바이트 하는 곳 가까이로 하숙을 옮기려고 해요.

아주머니 그렇게 일을 하고 싶어 하더니 정말 잘 됐다. 그동안 정들었는데 섭섭하네.

리에 저도 그래요. 그동안 잘해 주셨는데 …. 그런데 제 하숙비 남은 것 좀 돌려 주셨으면 해요.

아주머니 그래야지. 지난달에 세 달치를 한꺼번에 냈으니까 두 달치를 빼고 한 달치를 돌려줄게.

리에 오늘이 15일이니까 이번 달 것도 반은 돌려 주셔야지 그렇지 않으면 새 하숙집 하숙비를 낼 수 없어요.

아주머니 그럴 때는 미리 말을 했어야지. 그랬으면 나도 빨리 새 하숙생을 구하고 얼마나 좋았겠어?

가까이
남다
한꺼번에
-치
빼다

어휘

계약　월세　전세　계약금　계약서　보증금　세입자　부동산 중개소

01 다음의 설명을 읽고 맞는 어휘를 쓰십시오.

1) 집을 빌리거나 사겠다고 미리 정한 약속 : □□
2) 계약을 할 때 쓰는 서류 : □□□
3) 집이나 방을 빌려 쓰고 매달 내는 돈 : □□
4) 돈을 내고 남의 집이나 방을 빌려 쓰는 사람 : □□□
5) 집을 빌릴 때 집주인에게 맡기는 일정한 금액의 돈 : □□□
6) 집이나 땅을 사고 팔 때 중간에서 소개해 주는 곳 : □□□□□□
7) 계약할 때 사거나 빌리는 사람이 집 주인에게 미리 주는 돈 : □□□
8) 집주인에게 일정한 돈을 맡기고 그 집이나 방을 일정 기간 동안 빌려 쓰는 것 : □□

02 빈칸에 알맞은 어휘를 쓰십시오.

집을 구할 때의 주의사항

1) 전세 ~~이나~~/나 ________을/를 구할 때는 시세보다 값이 많이 싼 방은 피하십시오. 시세보다 값이 싼 방은 문제가 있는 방이 많습니다.

2) 월세 ________은/는 1년으로 하십시오. 전세는 계약 기간이 보통 2년 이지만 월세는 2년보다 1년으로 계약하는 것이 편리합니다.

3) 전기세, 수도세, 관리비 등을 꼼꼼히 확인하고 그 내용을 ________ 에 넣어 작성하십시오.

4) 인터넷에 나오는 ________의 광고 내용을 그대로 믿지 마십시오. 객관적으로 단점을 이야기해 주는 집주인이나 부동산 중개소는 없습니다. 그 집에 세를 들어 살고 있는 ________에게 직접 물어보는 것도 좋은 방법입니다.

문법 연습

-어야지/아야지/여야지 그렇지 않으면

01 상황에 맞게 이야기해 보십시오.

저는 이번 주말에 제주도로 여행을 가는데 아직 호텔 예약을 안 했어요. 괜찮을까요?

요즘 날씨가 별로 덥지 않아서 어제 사 놓은 음식 재료를 냉장고에 안 넣었는데 괜찮을까요?

얼마 전부터 이가 많이 아픈데 너무 바빠서 치과에 갈 시간이 없어요.

요즘은 너무 피곤해서 커피를 많이 마시게 돼요.

아직 시간 여유가 좀 있으니까 천천히 출발합시다.

호텔 예약을 미리 해야지 그렇지 않으면 방을 구하기 어려울 거예요.

-었으면/았으면/였으면 -고 얼마나 좋았겠어요?

02 다음 대화를 완성하고 이야기해 보십시오.

가 : 어제 늦게까지 밤새워 보고서를 쓰느라고 정말 힘들었어.
나 : 미리 미리 준비해서 쓰지 그랬어?
가 : 글쎄 말이야. **미리 준비해서 썼**으면 **밤새우지 않아도 되**고 얼마나 좋았겠어?

가 : 기차역까지 한 시간이나 걸려 왔는데 오늘 기차가 운행을 못 한대요.
나 : 오늘 아침 뉴스에 사고 때문에 기차 운행이 잠시 중단될 거라고 했는데 못 들으셨어요?
가 : 못 들었어요. .... 었으면/았으면/였으면 .... 고 얼마나 좋았겠어요?

가 : 계약서를 꼼꼼하게 살펴보지 않고 계약했다가 보증금을 다 돌려 받지 못했어요.
나 : 계약하기 전에 계약서를 꼼꼼히 살펴봤어야지요.
가 : .... 었으면/았으면/였으면 .... 고 얼마나 좋았겠어요?

가 : 산의 날씨가 그렇게 변덕스러운 줄 모르고 얇은 옷만 입고 갔다가 감기에 걸렸어요.
나 : 제가 산에 갈 때는 항상 두꺼운 옷을 준비하라고 했잖아요.
가 : 네, 그럴 걸 그랬어요. .... 었으면/았으면/였으면 .... 고 얼마나 좋았겠어요?

가 : 동아리에 가입했는데 내 성격이나 적성과 맞지 않아 너무 재미없어.
나 : 가입하기 전에 선배들에게도 물어보고 여기저기 알아본 후에 가입하지 그랬어.
가 : .... 었으면/았으면/였으면 .... 고 얼마나 좋았겠어?

과제 1 말하기

다음은 인터넷에 올라온 글입니다. 읽고 친구에게 조언해 주십시오.

오피스텔 구할 때의 주의사항

저는 한국에 온 지 얼마 안 되는 외국인입니다. 이번에 오피스텔을 구하려고 하는데 혹시 주의할 사항이 있으면 알려 주십시오.

답글: 오피스텔 구할 때의 주의사항

오피스텔을 구할 때는 다음과 같은 사항을 주의해야 합니다.

1. 오피스텔을 계약할 때는 반드시 집주인과 계약을 해야 합니다. 부동산과 계약을 했다가 보증금을 못 받을 수도 있습니다.
2. 집에 문제는 없는지, 또 실내가 밝은지 등은 직접 집에 가 보고 확인한 후 계약을 해야 합니다.
3. 계약서에 전기세, 수도세, 관리비 등에 대해서 구체적으로 써 놓으십시오.
4. 이사를 한 후에는 그 날로 바로 동사무소에 이사 왔음을 신고하십시오. 그렇게 해야 나중에 집주인에게 돈 문제가 생겨도 보증금을 돌려받을 수 있으니까요.

한국에서 오피스텔을 구하려고 하는데 꼭 알아 두어야 할 게 있어요?

집을 계약할 때는 반드시 집주인과 계약을 **해야지 그렇지 않으면** 나중에 보증금을 돌려받지 못할 수도 있어요. 그리고 시간이 없다고 해서 살 집에 가 보지 않고 계약하면 안 돼요.

다음과 같은 친구의 질문에 여러분이 알고 있는 것을 이야기해 주십시오.

요즘 하숙집을 구하고 있는데 꼭 알아두어야 할 게 있어요?

과제 2 듣고 말하기 [CD1:28]

01 다음을 듣고 맞는 것에 ✔ 하십시오.

1) 듕 여자는 지난 토요일에 새 하숙집으로 이사를 했다. □
   드 여자는 새로 이사한 하숙집이 마음에 든다. □
   득 여자는 하숙집을 계약할 때 직접 가 보고 계약을 했다. □

2) 듕 여자는 새로 이사 갈 오피스텔 집주인과 계약 문제로 다투었다. □
   드 여자는 지금까지 살던 오피스텔의 집세를 꼬박꼬박 냈다. □
   득 여자는 집 주인에게 집세를 직접 주고 영수증을 받았다. □

3) 듕 여자는 한 달도 안 돼서 이사를 가려고 한다. □
   드 여자의 집 주인은 이중 계약을 했다. □
   득 여자는 부동산 중개인과 계약했다. □

02 여자는 집을 계약하면서 혹은 세 든 집에 살면서 무엇을 잘못했습니까? 쓰십시오.

1) 집을 계약할 때 그 집에 직접 가서 확인하지 않았다.

2)

3)

03 여러분이 남자라면 어떻게 충고해 주겠습니까? 이 문제를 어떻게 해결하는 것이 좋겠습니까?

05 정리해 봅시다

• 어휘

틀다	빼다	남다	취하다	맞추다

01 다음 어휘와 어울릴 수 있는 것을 아는 대로 쓰십시오.

틀다	음악을 틀다,
빼다	
남다	
취하다	
맞추다	

02 빈칸에 알맞은 어휘를 쓰십시오.

해	방해	교환	도대체	분명히	본의 아니게	망설이다

1) 황사 때문에 농작물이 많은 ____________ 을/를 입었다.
2) 살다가 보면 ____________ 거짓말을 하게 되는 경우가 있다.
3) 방친구가 늦게 들어와서 텔레비전을 크게 켜 놓으니까 공부에 ____________ 이/가 된다.
4) 미선 씨는 사고 싶은 옷이 있지만 너무 비싸서 살까 말까 ____________ 고 있다.
5) 백화점에서 물건을 사면 2주 이내에 환불이나 ____________ 이/가 가능하다.
6) 아이가 잘못했을 때는 그 이유를 ____________ 말해 주고 야단을 쳐야 한다.
7) 돈도 많고 학벌도 좋고 잘 생기기까지 했는데 ____________ 왜 그 남자가 마음에 안 드니?

• 문법

다음 상황에 맞게 대화를 완성하십시오.

저는 아파트보다 단독 주택을 좋아해서 서울에서도 한옥이 많은 동네로 이사를 왔어요. 한적하고 조용해서 저처럼 나이 든 사람이 사는 곳으로는 참 좋은 곳이라고 생각했는데, 생각보다 그리 조용한 곳은 아니었어요. 옆집에 사는 신혼부부가 날마다 싸워서 새벽에 깬 적이 한두 번이 아닙니다. 본인들에게 조용히 해 달라고 직접 말하면 실례가 될 것 같아서 말을 할 수도 없고, 참고 살려고 하니 자주 잠을 설치게 되고 정말 괴롭습니다.

가 : 아파트에 사시다가 단독 주택으로 이사하니까 어떠세요?

나 : 한적하고 조용해서 .... 기에는 좋다고 생각했는데 ....

가 : 왜요? 나이 드신 분들이 많이 사셔서 조용할 줄 알았는데요.

나 : 저도 그럴 줄 알았어요. 그런데 .... 고 보니 ....

가 : 동네가 시끄러울 일이 뭐가 있는데요?

나 : 얼마 전 옆집에 신혼부부가 이사를 왔는데 어찌나 싸우는지 시끄러워서 잠을 잘 수가 없어요.

가 : 그럼 그 신혼부부에게 가서 얘기를 하지 그러셨어요?

나 : .... 어서/아서/여서 .... 을/ㄹ 수가 있어야지요.

가 : 그래도 얘기를 하셔야지 그렇게 .... 어서야/아서야/여서야 어디 .... 겠어요?

YONSEI KOREAN 4

저는 얼마 전에 친구가 살던 집을 계약했습니다. 그런데 약속한 날이 되어도 친구가 집을 비워 주지 않아 언제 집을 비워 주겠냐고 물어보니까, 아직 이사갈 준비가 안 되어 있으니까 한 달만 더 기다려 달라고 했어요. 그런데 한 달이 지나도 친구는 집을 비워 줄 생각을 안 하고 있습니다. 이런 문제가 생길 줄 알았으면 아무리 친구 사이라도 부동산 중개소에 가서 계약을 할 걸 그랬어요.

가 : 이번 달에 친구가 살던 집으로 이사를 가신다고 하셨는데 이사는 했어요?

나 : 아니요, 친구가 집을 비워 주지 않아서 아직 이사를 못했어요. 그래서 .... 었더니/았더니/였더니 친구는 이사 갈 준비가 아직 안 되어 있으니까 저한테 한 달만 더 기다려 달라고 하더군요.

가 : 친구와 집 계약할 때 계약 날짜를 써 놓았을 거 아니에요?

나 : 친구 사이니까 그런 것 안 쓰고 그냥 구두로만 계약했지요.

가 : 아무리 .... 는다고/ㄴ다고/다고 해도 계약서는 꼭 쓰셔야지요.

나 : 글쎄 말이에요. .... 었으면/았으면/였으면 .... 고 얼마나 좋았겠어요?

가 : 그러니까 .... 어야지/아야지/여야지 그렇지 않으면 ....

• **듣고 말하기** [CD1:29]

1) 이야기를 듣고 무슨 문제 때문에 고민하고 있는지 그림 아래에 맞는 번호를 쓰십시오.

( )

( )

( )

2) 다시 잘 듣고 맞는 것에 ✔ 하십시오.

1) ① 윗집의 에어컨 소리 때문에 잠을 잘 수가 없다. ☐
② 윗집에 불평을 했더니 윗집 주인이 미안하다고 사과를 했다. ☐

2) ① 우리 동네는 주차 공간이 많지 않아서 항상 주차 문제로 이웃 간에 싸움이 많다. ☐
② 옆집 사람이 우리 집 앞에 차를 세워 놓아서 싸운 적이 몇 번 있다. ☐

3) ① 우리 동네로 연예인이 이사를 온다고 해서 동네가 시끄러울까 봐 많이 걱정이 되었다. ☐
② 연예인이 이사온 후에 동네가 너무 시끄러워서 살 수가 없다. ☐

3) 여러분은 위와 같은 상황에서 어떻게 하겠습니까?

문화

이웃사촌

이웃사촌이라는 말을 들어보셨습니까? 서로 이웃에 살면서 정이 들어 친척이나 다름없는 가까운 이웃을 말하는 것으로, 멀리 있는 친척보다 가까운 이웃이 더 낫다는 뜻이지요.

한국에서는 예로부터 이웃과 서로 돕고 지내는 전통이 아주 강했습니다. 특히 농사를 짓는 사회였기 때문에 한 마을에 사는 이웃끼리 서로 돕는 상부상조의 전통이 있었는데 대표적인 것으로는 계, 두레, 품앗이, 향약이 있었습니다.

농경사회에서 산업사회로 변화해 오면서 이런 전통은 여러 다른 모임의 형태로 나타났습니다. 학교 동창회, 직장, 취미 활동, 종교생활 모임, 성(姓)과 본(本)이 같은 사람들의 모임인 종친회, 고향이 같은 사람들의 모임인 향우회인데 이런 모임들은 대개 사람들 사이의 친목도모는 물론이고 결혼이나 장례와 같은 일이 생길 때에 서로 도와주는 역할을 합니다. 또 온라인에도 상부상조의 예가 많이 있습니다. 온라인으로 공동구매를 해 물건을 싸게 산다거나, 인터넷 커뮤니티를 이용하여 같은 아파트 단지 주민들이 모여 아파트 단지의 공동문제를 해결하고 알뜰쇼핑의 지혜와 다양한 생활

정보를 공유하는 새 이웃문화도 생겨나고 있습니다. 새로운 의미의 이웃사촌이라고 할 수 있지요.

1. 이웃사촌이란 무슨 뜻입니까?

2. 이웃사촌이 어떻게 변했습니까? 예를 찾아서 표를 채우십시오.

예전	지금
계, 두레	학교 동창회, 직장 모임

문법 설명

01 -기에는

'어떠한 상황을 기준으로 할 때'의 뜻을 나타낸다.

- 이 케이크는 저 혼자 먹기에는 너무 커요. 좀 작은 걸로 주세요.
- 이 방은 혼자 쓰기에는 좀 크고 두 사람이 쓰기에는 좀 작아요.
- 이 소설책은 재미있지만 외국인 학생이 읽기에는 좀 어려울 것 같아요.
- 요즘 날씨가 좀 춥긴 하지만 이제 10월인데 겨울옷을 입기에는 좀 이르지 않아요?
- 오피스텔은 혼자 생활하기에는 편리하지만 가족들이 함께 생활하기에는 불편하다.

02 -고 보니

어떠한 행위나 일이 일어나기 전에는 몰랐는데, 그 일이 일어난 이후 그 결과로 뒤에 오는 내용을 새롭게 깨닫게 되었을 때 쓴다.

- 나는 내가 잘못한 것이 하나도 없다고 생각했는데, 네 얘기를 듣고 보니 내가 잘못한 것 같다.
- 그 친구에게 얘기를 해 주는 게 더 좋을 줄 알았는데, 막상 얘기하고 보니 괜히 얘기를 한 것 같아요.
- 결혼하면 정말 행복할 거라고 생각했는데 결혼하고 보니 기대와는 달리 어려운 일들이 많아요.
- 유학 생활이 힘들 거라고 예상은 했지만 직접 유학 생활을 시작하고 보니 생각보다 더 외롭고 힘들다.
- 그 여자는 겉보기에는 아주 차가워 보였는데 막상 만나고 보니 마음이 따뜻하고 여린 여자였다.

03 -어서야/아서야/여서야 어디 -겠어요?

앞 문장과 같은 상황에서는 뒷 문장의 내용이 절대로 일어날 수 없다는 것을 강하게 나타낼 때 쓴다.

- 가 : 요즘 물가가 너무 많이 오르죠?
  나 : 네, 이렇게 물가가 많이 올라서야 어디 살 수 있겠어요?
- 가 : 오늘도 학교 오는 데 한 시간이나 걸렸어요. 점점 차가 많아지는 것 같아요.
  나 : 그래요. 이렇게 교통이 복잡해서야 어디 차를 갖고 다니겠어요?
- 가 : 요즘 날씨가 갑자기 추워졌죠?
  나 : 네, 정말 추워졌어요. 이렇게 날씨가 추워서야 어디 밖에 나갈 수 있겠어요?
- 가 : 저는 여자 앞에만 서면 말을 한 마디도 못해요.
  나 : 그렇게 부끄럼을 타서야 어디 여자친구를 시귈 수 있겠어요?
- 가 : 영수는 오늘도 학교 끝나자마자 컴퓨터 앞에서 게임만 하고 있어요. 정말 걱정이에요.
  나 : 어휴! 저렇게 공부를 안 해서야 어디 대학교에 들어갈 수 있겠어요?

04 -는다고/ㄴ다고/다고 해도

앞 문장의 내용에 구애를 받지 않고 뒷 내용을 주장할 때 쓴다. '-는다 해도'로 줄여서 쓸 수도 있다. 받침이 있는 동사 뒤에는 '-는다고', 받침 없는 동사 뒤에는 '-ㄴ다고', 형용사나 '-었' 뒤에는 '-다고'를 쓴다.

- 가 : 요즘은 바빠서 부모님께 전화도 못 드려요.
  나 : 아무리 바쁘다고 해도 부모님께는 가끔 전화 연락을 드려야지요.
- 가 : 요즘은 너무 피곤하고 졸려서 하루에 커피를 대여섯 잔씩 마시게 돼요.
  나 : 아무리 피곤하고 졸린다고 해도 그렇게 커피를 마시면 몸에 해로워요.
- 가 : 내일은 춥다니까 등산 계획을 미루는 게 어때요?
  나 : 아무리 춥다고 해도 저는 등산을 갈 거예요.
- 가 : 친한 친구니까 제가 무슨 일을 해도 이해하겠지요?
  나 : 친한 친구라고 해도 이해하지 못하는 일도 있어요.
- 가 : 이번에 시험이 어려워서 떨어질 사람이 많을 것 같은데 그래도 시험을 보시려고요?
  나 : 시험에 떨어진다 해도 경험으로 한번 보려고 해요.

05 –었더니/았더니/였더니

동사에 붙어서, 앞 문장의 행위를 완료한 후에 뒤 문장의 결과가 나타난 것을 회상하여 보고할 때 쓴다. 앞 문장의 주어는 대개 1인칭이고 뒤 문장에는 3인칭이 온다.

- 찬 것을 너무 많이 먹었더니 배가 아파요.
- 어제 늦게 잤더니 아침에 일어나기가 정말 힘들었어요.
- 며칠 동안 화분에 물을 안 주었더니 꽃이 다 시들었어요.
- 일 좀 도와달라고 친구에게 전화했더니 친구가 시간이 없다면서 거절하더군요.
- 오늘 집에서 조금 늦게 나왔더니 차가 밀려서 한 시간이나 늦게 도착했어요.

06 –을/ㄹ 수가 있어야지요.

'–을 수 없다'의 의미를 더욱 강조하여 말할 때 쓴다.

- 가 : 왜 이렇게 늦게 오셨어요?
  나 : 미안해요. 일이 너무 많아서 일찍 나올 수가 있어야지요.
- 가 : 이렇게 안 드시면 병이 빨리 낫지 않아요.
  나 : 입맛이 없어서 먹을 수가 있어야지요.
- 가 : 김 선생님을 만나서 제 이야기를 해 보셨어요?
  나 : 아직 못했어요. 김 선생님이 너무 바쁘셔서 만날 수가 있어야지요.
- 가 : 왜 이렇게 듣기 시험을 못 보셨어요?
  나 : 듣기 테이프 음질이 나빠서 도대체 들을 수가 있어야지요.
- 가 : 왜 이렇게 학교에서 조세요?
  나 : 아랫집이 얼마 전에 이사를 왔는데, 밤마다 너무 시끄러워서 잘 수가 있어야지요.

07 –어야지/아야지/여야지 그렇지 않으면

앞 문장의 행위가 반드시 필요한 조건이며, 뒤 문장에 그 조건이 지켜지지 않았을 경우의 결과를 나타낼 때 쓴다.

• 가 : 저는 요즘 너무 바빠서 운동할 시간이 없어요.
  나 : 아무리 바빠도 운동을 해야지 그렇지 않으면 건강이 나빠질 거예요.
• 가 : 영어를 못해도 그 회사에 들어갈 수 있어요?
  나 : 아니요, 영어를 잘 해야지 그렇지 않으면 그 회사에 들어가기 어려울걸요.
• 가 : 요즘은 일이 늦게 끝나서 저녁 식사를 늦게 할 때가 많아요.
  나 : 저녁 식사를 제 때 해야지 그렇지 않으면 건강을 해치게 될 거예요.
• 가 : 이제 봄도 되었으니까 코트는 안 입어도 되겠지요?
  나 : 그래도 아직 3월이니까 따뜻하게 입어야지 그렇지 않으면 감기에 걸릴 수도 있어요.
• 가 : 저희 집은 부자니까 취직을 안 해도 먹고 사는 데는 문제가 없어요.
  나 : 그래도 직접 돈을 벌어 봐야지 그렇지 않으면 돈이 소중하다는 것을 몰라요.

08 –었으면/았으면/였으면 –고 얼마나 좋았겠어요?

과거나 현재 상황과 반대되는 가정을 하면서, 뒤 문장에 그것이 이루어졌으면 있을 수도 있는 좋은 결과를 나타낼 때 쓴다.

• 가 : 어제 동창회가 있다고 하시더니 갔다 오셨어요?
  나 : 동창회에 갔다 왔으면 반가운 얼굴들도 보고 얼마나 좋았겠어요?
• 가 : 지난 학기에 장학금을 받으셨어요?
  나 : 장학금을 받았으면 공부도 그만두지 않고 얼마나 좋았겠어요?
• 가 : 오늘 차가 많이 밀리던데 지하철로 오셨어요?
  나 : 웬걸요, 지하철로 왔으면 늦지 않고 얼마나 좋았겠어요?
• 가 : 졸업여행이 정말 재미있었다고 하던데 다녀오셨어요?
  나 : 저도 졸업여행을 갔으면 좋은 구경도 하고 얼마나 좋았겠어요?
• 가 : 자녀분들이 모두 공부를 잘 하죠?
  나 : 아이들이 공부를 잘 하면 걱정도 없고 얼마나 좋겠어요?

제4과 현대 한국의 문화

01 스트레스도 풀 겸 노래방에 갈까요?

학습 목표 ● 과제 놀이 문화 비교하고 소개하기 ● 어휘 놀이 관련 어휘 ● 문법 -을 겸, -는다던데

여러분은 친구들과 모이면 어떤 놀이를 합니까?
여러분은 특별한 취미나 즐겨하는 놀이가 있습니까?

CD1:30-31

영수 시험이 끝났으니 스트레스도 풀 겸 오늘 노래방에 갈까요?

마리아 네, 좋아요. 한국 사람들은 노래방을 좋아한다던데 영수 씨도 노래방에 자주 가세요?

영수 친구들을 만나면 영화도 자주 보지만 친구들과 스트레스도 풀 겸 노래방에 갈 때도 많아요.

마리아 그런 걸 보면 한국 사람들은 노래 부르는 걸 아주 좋아하나 봐요.

영수 한국 사람들은 모였다 하면 음식도 잘 먹고 신나게 놀아야 모임이 잘 끝났다고 생각하지요. 그런데 즐길 만한 놀이가 그렇게 많지는 않아요.

마리아 맞아요. 저도 친구들을 만나서 주로 영화를 보거나 차를 마시는 거 말고는 별로 할 게 없어요. 그래서 앞으로 사람들이 즐길 수 있는 놀이 종류나 공간을 더 개발해야 된다고 생각해요.

즐기다
주로
종류
공간
개발하다

어휘

01 다음은 한국의 전통놀이입니다. 알맞은 놀이의 이름을 쓰십시오.

윷놀이 제기차기 연날리기 그네뛰기 씨름 널뛰기 줄다리기 강강술래

윷놀이

02 다음은 한국의 놀이에 대한 설명입니다. 알맞은 놀이의 이름을 쓰십시오.

1) **윷놀이** ~~은~~/는 주로 설부터 대보름 사이에 전국적으로 하는 놀이입니다. 설날에 가족들이 모여 두 편 또는 세 편으로 나누어서 놉니다.

2) ______ 은/는 여자들이 둥글게 손을 잡고 원을 만들어 노래하면서 춤을 추는 여자들의 놀이입니다.

3) ______ 은/는 발로 제기를 차 올리는 놀이로 음력 설 전후 겨울에 남자 아이들이 하던 놀이입니다.

4) ______ 은/는 여러 사람이 두 편으로 나누어 큰 줄을 양쪽에서 잡고, 상대편을 자기 쪽으로 끌어당기면 이기는 놀이입니다.

5) ______ 은/는 명절 때 여자들이 즐기던 놀이로 두 사람이 긴 판의 양 끝에 올라서서 한 사람씩 하늘로 뛰어오르는 놀이입니다.

문법 연습

-을/ㄹ 겸

01 [가]와 [나]에서 문장을 골라 대화를 만들어 보십시오.

[가]
- 친구를 만나다
- 바람을 쐬다
- 머리를 식히다
- 경험을 쌓다
- 구경을 하다
- 스트레스를 풀다
- 한국말 연습을 하다
- 돈을 벌다
- 친구 생일 선물을 사다
- 옷 구경을 하다

[나]
- 시내에 나갔다가 왔어요.
- 여행을 가려고 해요.
- 한국 영화를 봐요.
- 아르바이트를 해요.
- 백화점에 가요.

어제 왜 시내에 나갔다가 왔어요?

친구도 만날 겸 바람도 쐴 겸 시내에 나갔다가 왔어요.

-는다던데/ㄴ다던데/-다던데

02 각 나라에 대해 들은 것을 쓰십시오.

한국	매운 음식을 좋아한다.
중국	대중교통 수단으로 자전거를 많이 이용한다.
일본	온천을 즐긴다.
러시아	
친구의 나라	

	그렇다	아니다
1) 한국 사람들은 매운 음식을 좋아한다던데 정말 그래요?	☐	☐
2)	☐	☐
3)	☐	☐
4)	☐	☐
5)	☐	☐

과제 1 말하기

다음 포스터를 보고 친구들과 어디에 가면 좋을지 [보기]와 같이 이야기해 보십시오.

[보기]

민철 : 서울 시청 광장에서 비보이 공연이 **있다던데** 같이 가는 게 어때요?

미선 : 그것도 좋겠지만 가수들 공연도 **볼 겸** 전통 음식도 **먹을 겸** 설악산에 단풍놀이 가는 건 어때요?

민철 : 설악산까지 길이 너무 막히지 않을까요? 단풍 축제를 하니까 사람들이 몰릴 것 같은데.

미선 : 머리도 **식힐 겸** 멀리 여행 갔다 오는 게 좋지 않겠어요? 서울 시내에만 있으면 좀 답답하잖아요.

민철 : 그럼, 미선 씨 말대로 스트레스도 **풀 겸** 설악산에 갔다 와요. 비보이 공연은 다음에 가기로 하고요.

과제 2 읽고 쓰기

01 한국에서 하는 여러 가지 놀이입니다. 빈칸에 알맞은 놀이의 이름을 쓰십시오.

소꿉놀이	장기	바둑	닭싸움	수건돌리기	고무줄놀이

바둑

02 여러분은 어렸을 때 어떤 놀이를 했습니까? 다음은 '나의 어린 시절 놀이'에 대해 쓴 글입니다. 읽고 질문에 답하십시오.

저는 교사이신 아버지 덕분에 시골의 꽤 괜찮은 집에서 살았습니다. 그 집은 유리창이 유난히 커서 저와 형제들은 창밖을 내다보고 많은 이야기를 하며 놀았 습니다. 여동생이나 누나는 인형놀이를 좋아해서 항상 인형놀이를 했고, 남자인 저와 형들은 밖에 나가서 노는 것을 더 좋아했습니다. 가끔 같이 놀 때는 학교놀이를 했는데, 제일 큰 누나는 항상 선생님 역할을 했고 저와 다른 형제들은 모두 학생 역할을 했습니다.

초등학교 때는 수업이 끝난 후 학교에 남아서 자주 놀았는데 우리는 항상 운동장에서 놀거나 산에 가서 뛰어 놀곤 했습니다. 그리고 여자 아이들은 고무줄놀이를 하거나 소꿉놀이를 많이 했습니다.

중학교 때는 운동경기를 많이 하며 놀았습니다. 축구 시합을 하다가 바지가 찢어져 어머니께 많이 혼났던 기억이 납니다. 학교에서 소풍을 가면 수건돌리기나 닭싸움을 하며 재미있게 놀았습니다.

고등학교에 들어가면서 점점 놀 수 있는 시간이 부족해졌습니다. 우연히 아버지에게서 바둑을 배웠습니다. 친구들 중에는 할아버지에게서 장기를 배우는 아이들도 있었습니다.

대학교에 들어가면서 고향을 떠나 서울로 오게 되었습니다. 첫 학기에는 신입생 환영회, 과별 모임 등으로 술을 마실 일이 많았습니다. 술을 마시면서 이런저런 이야기를 하다 보면 스트레스도 풀리고 기분도 좋아졌습니다. 대학에 들어와서는 도서관에서 공부를 하다가 전자오락실에 가서 시간을 보내는 경우도 있었는데 여러 가지 게임을 하며 머리를 식히기도 했습니다.

1) 이 사람은 어떤 놀이를 했습니까?

어렸을 때 : ....

초등학교 때 : ....

중학교 때 : ....

고등학교 때 : ....

대학교 때 : ....

2) 이 사람은 커 가면서 놀이가 어떻게 달라졌습니까? 맞는 것에 ✔ 하십시오.

- 커 가면서 점점 다른 사람들과 같이 하는 놀이가 많아졌다. ☐
- 커 가면서 점점 다른 사람들과 같이 하는 놀이가 적어졌다. ☐

03 여러분도 위와 같이 '나의 어린 시절 놀이'라는 제목으로 글을 써 보십시오.

02 이젠 저도 뜨거운 음식에 익숙해졌는걸요

학습 목표 ● 과제 음식문화에 대해 발표하기 ● 어휘 맛 관련 어휘 ● 문법 -는걸요, 에 비하면

위 사진들은 어느 나라 음식들입니까?
각 나라 음식들은 어떤 특징이 있습니까?

CD1:32~33

미선 이 음식은 뜨거우니까 천천히 조심해서 드세요.

제임스 네, 고마워요. 하지만 이젠 저도 뜨거운 음식에 많이 익숙해졌는걸요. 한국 사람들은 맵고 뜨거운 음식을 아주 잘 먹는 것 같아요.

미선 그래서 뜨거운 음식을 먹을 때는 후후 불어 가면서 먹어야 해요. 그러다 보면 먹을 때 소리가 나기도 하지요.

제임스 그리고 먹으면서 시원하다고 말할 때는 재미있어요. 어떻게 뜨거운 음식을 먹는데 시원하다고 하는 거지요?

미선 그건 맵고 뜨거운 음식을 먹으면서 땀을 흘리고 나면 기분이 상쾌해 지기 때문에 그런 것 같아요. 저도 어렸을 때는 몰랐는데 지금은 그 기분을 알 수 있어요.

제임스 한국에 처음 왔을 때에 비하면 한국 문화를 많이 이해하게 됐지만 아직 그런 느낌까지는 완전히 알기 어려워요.

후후
흘리다
완전히

어휘

달콤하다	쌉쌀하다	짭짤하다	매콤하다	새콤하다
담백하다	고소하다	느끼하다	떫다	비리다

01 다음 설명과 관계있는 어휘를 쓰십시오.

땅콩이나 깨의 맛이다.	□□□□	맛이 좋을 정도로 좀 달다.	□□□□
익지 않은 감의 맛이다.	□□	맛이 좋을 정도로 좀 맵다.	□□□□
익지 않은 생선의 냄새 또는 그 맛이다.	□□□	맛이 좋을 정도로 좀 시다.	□□□□
기름기가 많다.	□□□□	맛이 좋을 정도로 좀 짜다.	□□□□
기름기가 별로 없고 맛이 깨끗하다.	□□□□	약간 쓴 맛이 있다.	□□□□

02 다음은 요리를 소개하는 글입니다. 빈칸에 알맞은 어휘를 쓰십시오.

• **치즈 떡볶이**

매콤한 ~~은/ㄴ~~ 떡볶이의 맛과 __________ 은/ㄴ 단호박의 만남!! 여기에 치즈의 __________ 은/ㄴ 맛이 더해져서 정말 맛있답니다.

• **해물 된장찌개**

한국인의 힘! 구수한 된장찌개. 새우, 조개, 꽃게를 넣어 보세요. 해물이 많이 들어가 국물이 느끼하지 않고 __________ 습니다/ㅂ니다. 참, 해물은 물이 끓을 때 넣어야 __________ 지 않습니다.

• **감자튀김**

누구나 좋아하는 간식이죠. 소금을 조금 뿌리면 __________ 어서/아서/여서 술안주로도 좋습니다. 튀긴 후 기름은 완전히 빼 주세요. 그래야 __________ 지 않습니다.

• **녹차**

녹차 드시고 건강도 지키세요. 느끼한 음식을 먹은 후 녹차를 마시면 입안이 깨끗해지는 것 같죠. 또 녹차의 __________ 은/ㄴ 맛과 __________ 은/ㄴ 맛은 위를 보호한대요.

문법 연습

-는걸요/은걸요/ㄴ걸요

01 질문에 대답하십시오.

한국어 실력이 많이 좋아지셨어요?

방학을 해서 한가해졌지요?

시험 준비는 다 하셨어요?

제가 지난번에 부탁한 일을 다 끝내셨어요?

이번에 새로 들어간 직장은 분위기가 좋아요?

그랬으면 얼마나 좋겠어요? 아직도 뉴스를 들으려면 많이 힘든걸요.

에 비하면

02 표를 채우고 이야기해 보십시오.

	비교1	비교2
건강이 좋은 편이에요?	나이	10년 전
요즘 아이들이 놀 시간이 많아요?	컴퓨터가 없었던 때	다른 나라
월급이 많아요?	일	지난 번 직장
집이 좋아요?	집값	
살기가 편해졌어요?	처음 한국에 왔을 때	

건강이 좋은 편이에요?

나이에 비하면 그렇게 건강한 편은 아니에요.
운동을 해야 할 것 같아요.

과제 1 말하기

다음 도표를 보고 아래 표를 채우십시오. 그리고 [보기]와 같이 이야기해 보십시오.

국민 1인당 쌀 소비량

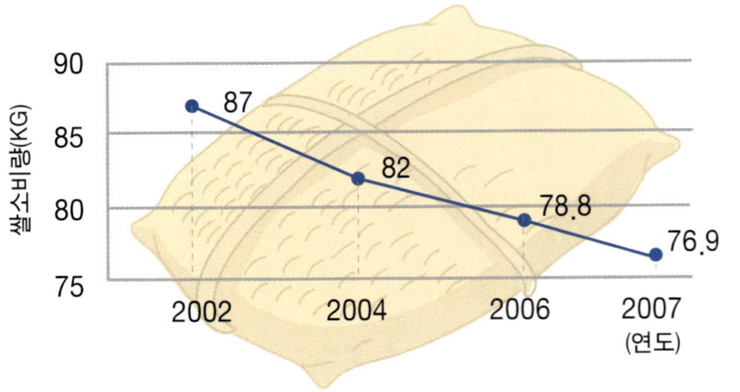

국민 1인당 쇠고기 소비량

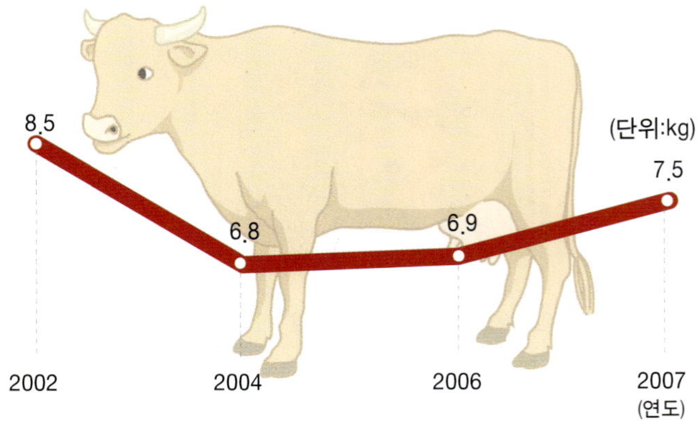

	연도별 소비량		증가? 감소?	왜?
	2002년	2007년		
쌀 소비량	87Kg		쌀 소비량이 약 10Kg 줄었음.	• 아침 식사를 안 하는 사람들이 많아져서 • 젊은 사람 중에 빵으로 식사하는 사람이 많아져서
쇠고기 소비량				

[보기]

2002년**에 비하면** 2007년에는 한국의 쌀 소비량이 약 10Kg 줄었습니다. 이것은 아마 요즘 아침을 안 먹는 사람들이 많아졌기 때문인 것 같습니다. 그리고 요즘 젊은 사람들은 빵을 좋아하는 사람이 많습니다. 그래서 쌀 소비량이 많이 줄었을 거라고 생각합니다.

과제 2 듣고 말하기 [CD1:34]

01 대화를 듣고 어느 나라의 음식 문화에 대한 설명인지 번호를 쓰십시오.

1)

한국	일본	중국	프랑스
	㉠		

음식 재료와 조리방법
㉠ 천연조미료를 사용한다.
㉡ 떡, 국수, 두부 등 곡물을 이용한 조리법이 발달했다.
㉢ 다양한 소스가 발달했다.
㉣ 조리 기구가 간단하다.
㉤ 저장 식품이 많이 발달했다.
㉥ 지방에 따라 다양한 요리가 발달했다.
㉦ 음식의 대부분이 기름에 튀기거나 조리거나 볶는 음식이다.
㉧ 포도주, 치즈, 빵 등이 발달했다.
㉨ 음식 재료의 자연적인 모양과 색을 살려서 요리한다.
㉩ 장식을 하기 때문에 음식의 모양이 화려하다.

2)

한국	일본	중국	프랑스
듀			

식사 예절
듀 음식이 처음부터 상에 차려져 나온다.
드 생선을 먹을 때는 머리 쪽에서 꼬리 쪽으로 먹는다.
득 초대했을 때 주인은 문 쪽에 앉고 손님은 안쪽에 앉힌다.
든 국그릇을 입에 대고 국물을 마신다.
듣 전통적으로는 식사 중에 이야기를 하지 않는다.
들 아침 식사를 중요하게 생각한다.
듦 식사 시간이 길고 대화를 많이 하면서 식사를 즐긴다.
듬 탕을 먹을 때는 숟가락을, 밥을 먹을 때는 젓가락을 사용한다.
듭 큰 접시에 나온 음식을 각자 개인 접시에 나누어 먹는다.
듯 식사 시간을 중요하게 생각하여 점심시간이 2시간이다.

02 앞에서 들은 것 이외에 또 어떤 것이 있는지 이야기해 보십시오.

03 여러분 나라의 음식 문화에 대해 [보기]와 같이 쓰고 발표해 보십시오.

[보기]

한국은 밥을 주식으로 하고 반찬의 종류가 다양합니다. 밥과 국, 반찬은 모두 한꺼번에 한 상에 차려져 나옵니다. 한국은 농사를 많이 지었기 때문에 떡이나 국수, 간장, 된장, 두부 등 곡물을 이용한 조리법이 많이 발달했습니다. 또 추운 겨울과 더운 여름을 지내기 위해 다양한 저장 식품이 발달했습니다. 그리고 '간장 맛이 좋아야 그 집안이 잘된다'는 속담이 있을 정도로 간장이나 된장을 중요하게 생각했습니다. 또 한국 사람들은 전통적으로 아침 식사를 아주 중요하게 생각했습니다.

한국의 식사 예절은 이웃 나라인 일본이나 중국과 좀 다릅니다. 전통적으로 식사 중에는 조용히 해야 하기 때문에 식사하면서 대화를 하거나, 식사 중에 수저가 그릇에 부딪쳐 소리가 난다거나 하면 아주 실례가 됩니다. 그리고 숟가락과 젓가락을 사용하는데 절대로 한 손에 들고 식사하면 안 됩니다.

03 무슨 말인지 알아듣기 어렵던데요

학습 목표 ● 과제 설명문 읽고 정리하기 ● 어휘 인용 관련 어휘 ● 문법 -는다고들 하다, -건 -건

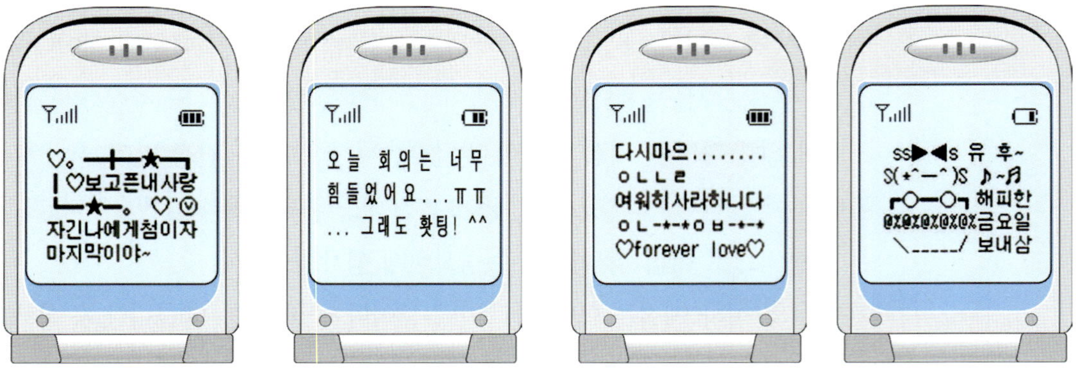

위에서 보이는 글은 어디에서 볼 수 있습니까? 무슨 뜻인지 알겠습니까?
위의 글의 특징은 무엇입니까? 여러분 나라에서도 휴대전화 혹은 메일로 보내는 글이 다릅니까?

CD1:35~36

정희 며칠 전에 버스를 타고 가면서 고등학생들이 하는 말을 우연히 듣게 되었는데 정말 알아듣기 어렵던데요. 세대 차이를 많이 느꼈어요.

웨이 아니 뭐라고들 했는데 세대 차이가 난다고 그러세요?

정희 대화 내용은 주로 인터넷이나 연예인 이야기인데 사용하는 단어들을 많이 못 알아듣겠던데요. 게다가 서로 이야기하면서도 어찌나 휴대 전화로 문자를 주고받던지 그것도 놀라웠어요.

웨이 요즘 새롭게 나오는 인터넷 용어들은 이해하기가 좀 어려워요.

정희 웨이 씨 나라에서도 세대 간에 쓰는 말이 다릅니까?

웨이 한국이건 다른 나라건 다 마찬가지일 거라고 생각해요. 좀 더 있으면 세대간 번역이 필요하다고들 할지도 모르지요.

우연히
세대 차이
게다가
용어
간
마찬가지이다
번역

어휘

거절하다 격려하다 고백하다 권하다 농담하다 재촉하다 칭찬하다 비난하다

01 빈칸에 알맞은 어휘를 쓰십시오.

1) 그 친구는 내 일 좀 도와달라는 나의 부탁을 시간이 없어서 그럴 수 없다고 □□□□.
2) 직장 문제 때문에 고민하고 있는 나에게 친구가 직업상담소에 한 번 가 보라고 □□□.
3) 그 친구는 시험에 떨어져서 낙심하고 있는 나에게 다음에는 꼭 붙을 수 있을 거라고 □□□□.
4) 선생님은 나의 글을 보시더니 정말 글을 잘 썼다고 □□□□.
5) 사람들은 정부가 문제를 해결하지 못해서 이런 상황까지 오게 되었다고 정부를 □□□□.
6) 친구는 비행기 출발 시간이 얼마 안 남았으니 나한테 빨리 서두르라고 □□□□.
7) 그 남자는 그 동안 짝사랑을 해 왔던 여자에게 용기를 내서 사랑한다고 □□□□.

02 다음은 우리가 대화를 할 때 필요한 예의입니다. 빈칸에 알맞은 어휘를 쓰십시오.

사람들은 칭찬 받기를 좋아합니다. 따라서 그 사람의 잘못된 점을 **비난하** 기보다는 그 사람의 장점이나 잘한 일을 .... 는/은 것이 좋습니다. 칭찬을 할 때는 진심을 담아 칭찬을 해야 합니다. 진심이 담기지 않은 칭찬은 오히려 상황을 더 나쁘게 할 수도 있습니다. 성공을 한 사람의 뒤에는 항상 칭찬하고 용기를 주는 부모님이 계십니다. 시험을 못 봤거나 실패했을 때, 앞으로 더 잘 할 수 있을 것이라고 .... 으면/면 그 사람에게는 그 말이 큰 힘이 될 겁니다.

거절할 때도 기술이 필요합니다. 부탁을 받았을 때, 부탁을 들어주기 어려운 경우에는 그 자리에서 바로 .... 는/은 것이 좋습니다. 대답을 미루면 쓸데없이 기대를 하게 하니까요. 그러나 친구가 음식을 먹어보라고 .... 을/ㄹ 때 '나는 이 음식 싫어해'라고 직접적으로 거절하는 것은 상대방의 기분을 상하게 할 수도 있습니다.

또 유머는 사람들의 기분을 즐겁게 합니다. 하지만 지나친 농담은 상대방의 기분을 나쁘게 할 수도 있습니다. 따라서 .... 을/ㄹ 때는 분위기에 맞춰서 상대방의 기분을 생각해 가며 해야 합니다.

문법 연습

-는다고들/ㄴ다고들/다고들 하다

01 상황에 맞게 대답하십시오.

신혼여행을 가려고 하는데 어디가 좋을까요?

추석인데 부모님께 어떤 선물을 하면 좋을지 모르겠어요.

남자친구와 헤어진 후 공부도 잘 안 되고 너무 힘들어요.

입학시험에 떨어지니까 다시 시험 볼 용기가 안 나요.

내일부터 외국어를 배우기로 했는데 잘 배울 수 있을까요?

사람들의 얘기로는…

- 제주도가 신혼여행지로 좋다.
- 시작이 반이다.
- 다른 사람을 만나면 잊혀진다.
- 실패는 성공의 어머니이다.
- 나이 드신 분은 건강식품을 좋아하신다.
- 시간이 약이다
- 요즘은 선물로 현금을 좋아한다.

사람들이 신혼여행지로는 제주도가 좋다고들 해요. 제주도로 가 보세요.

-건 -건

02 다음을 읽고 질문에 맞게 대답하십시오.

이 사람은 영화배우인 제 친구 김소희예요. 아주 성실하지요. 소희는 자신의 역할이 작아도 열심히 영화를 찍습니다. 영화를 찍지 않을 때도 항상 촬영장에 나와서 다른 사람이 연기하는 걸 보지요. 또 자신의 촬영이 늦게 있는 날에도 제일 먼저 촬영장에 도착합니다. 그리고 기쁠 때도 슬플 때도 항상 웃는 얼굴이어서 남을 즐겁게 하지요. 게다가 제 친구는 아주 효녀예요. 바쁠 때도 부모님께 전화를 드려요.

김소희 씨는 역할이 클 때만 영화를 찍어요?

김소희 씨는 영화 찍지 않는 날에는 촬영장에 안 옵니까?

소희 씨는 촬영이 늦게 있는 날은 좀 늦게 오기도 하지요?

소희 씨는 자기 기분이 별로 안 좋을 때는 잘 안 웃어요?

소희 씨는 바쁘면 가끔 부모님께 전화를 안 할 때도 있지요?

아니요, 제 친구 소희는 역할이 크건 작건 항상 열심히 영화를 찍어요.

과제 1 말하기

언어는 문화와 관계가 있습니다. 다음의 표를 보고 [보기]와 같이 이야기해 보십시오.

	한국어에서는 내리는 눈, 쌓인 눈을 구별하지 않고 모두 '눈'이라고 한다.	에스키모어에서는 내리는 눈, 쌓인 눈 등을 모두 다른 단어로 말한다.
	한국에서는 아랫사람의 이름은 부를 수 있지만 윗사람의 이름은 부르지 않는다.	미국에서는 윗사람의 이름을 부를 수 있다.
	한국어에서는 생선과 짐승의 살을 모두 '고기'라고 한다.	영어에서는 생선의 살은 fish로, 짐승의 살은 meat라고 한다.
	한국어에서는 엄마의 여자 형제는 '이모'로, 아빠의 여자 형제는 '고모'로 다르게 부른다.	영어에서는 모두 aunt이다.
 	한국어에서는 쌀이 되기 전에는 '벼'로, 음식의 재료는 '쌀'로, 익힌 쌀은 '밥'으로 다르게 부른다.	영어에서는 모두 rice이다.

[보기]

말은 문화와 관계가 많습니다. 한국어에서는 내리는 **눈이건** 쌓인 **눈이건** 구별하지 않고 모두 눈이라고 하지만 에스키모어에서는 이것을 모두 다른 단어로 말한다고 합니다. 그리고 한국에서는 윗사람의 이름을 부를 수 없지만, 미국에서는 **윗사람이건 아랫사람이건** 다 이름을 부를 수 있습니다.

01 여러분은 통신 언어를 알고 있습니까? 다음을 읽고 질문에 답하십시오.

요즘 청소년들은 인터넷 채팅, 게시판, 이메일, 문자 메시지 등을 이용하면서 독특한 언어를 사용하고 있다. 이러한 통신 언어의 특성을 살펴보면 다음과 같다. 첫째, 통신 언어는 실제 말하는 것을 그대로 흉내 내어 소리 나는 대로 적는 경우가 많다. 예를 들어 '좋아'를 소리 나는 대로 '조아'로 적거나, '그런데'는 줄여서 '근데'로 적는다.

둘째, 통신 언어에는 그것을 쓰는 사람의 개성을 그대로 보이거나 자신들만의 통신 언어를 사용해서 서로가 아주 친하다는 것을 표시하기도 한다. 예를 들어 웃음 소리를 'ㅎㅎ, ㅋㅋ' 등으로 한다거나, 새로운 단어를 만들기도 한다.

셋째, 문자로 이야기를 할 때는 얼굴을 볼 수 없으니까 표정도 볼 수 없고 상대방의 느낌을 알 수 없기 때문에 이것을 대신하기 위해 이모티콘을 사용하기도 한다. 지금 화가 나 있다거나 웃는 표정 등을 -_-^ , ^_^ 등 컴퓨터 자판의 기호를 이용해 표시하기도 한다.

1) 통신 언어는 무엇입니까?

2) 통신 언어의 특징은 무엇입니까? 그리고 그 예에는 어떤 것이 있습니까?

	특징	예
첫째		
둘째		
셋째		

02 통신 언어는 왜 만들어졌을까요? 다음을 읽고 질문에 답하십시오.

이러한 통신 언어가 나타나게 된 이유는 우선 빨리 자신의 생각이나 느낌을 전하기 위해서라고 할 수 있다. 또 청소년들이 그들만의 문화를 만들고 자신들끼리만 그 문화를 함께 나누고 친밀감을 느끼기 위해서라고 할 수 있다.

이러한 통신 언어에 대해 어떤 사람들은 한국어의 문법이 파괴되고, 어른들과 청소년들 간의 생각이 너무 달라져서 나중에는 서로의 생각을 이해할 수 없게 될 것이라고 걱정하기도 한다. 또 어떤 사람들은 통신언어는 청소년의 개성을 나타내는 것이고, 생각이나 느낌을 아주 짧게 전할 수 있기 때문에 오히려 효율적이라고 한다.

그러나 통신 언어가 일상적인 언어에까지 영향을 미치고 있는 것은 큰일이라고 할 수 있다. 초등학생들은 편지나 일기, 일상생활에서 통신 언어를 그대로 사용하기도 한다. 그리고 청소년의 생각에도 영향을 미쳐서 통신 언어를 많이 사용하는 학생들의 경우에는 생각하는 능력이 단순해지고 짧아질 수도 있다.

1) 통신 언어가 나타나게 된 이유는 무엇입니까? 두 가지를 쓰십시오.

....

....

2) 통신 언어에 대해 사람들의 생각은 어떻습니까? (　　　)
그리고 이 글을 쓴 사람의 생각은 어떻습니까? (　　　)

듕 어른들과 청소년들 간의 생각이 너무 달라져서 서로를 이해할 수 없게 될 것이다.

드 통신 언어는 생각을 짧게 전할 수 있어서 효율적이다 .

득 통신 언어를 많이 사용하면 생각하는 능력이 단순해질 수도 있다.

03 여러분은 통신 언어에 대해 어떻게 생각합니까? 이야기해 보십시오.

	그렇다	아니다
1) 통신 언어는 특별한 세대만 사용하는 언어이기 때문에 곧 없어질 것이다.	☐	☐
2) 통신 언어도 또 다른 언어이기 때문에 없어지지 않을 것이다.	☐	☐
3) 통신 언어는 되도록 사용하지 않는 것이 좋다.	☐	☐
4) 서로 친밀감을 느끼기 위해 통신 언어를 적당히 사용하는 것도 좋다.	☐	☐

04 바쁠 텐데 동호회 활동도 해요?

학습 목표 ● 과제 여가 생활에 대한 인터뷰하기 ● 어휘 여가 생활 관련 어휘 ● 문법 이며, 여간 -지 않다

한국 사람들은 위의 그림에서와 같이 여가 시간을 보내고 있다고 합니다. 여러분은 어떻게 보내고 있습니까?
여러분 나라의 사람들은 어떻게 여가 시간을 보냅니까?

CD1:37~38

웨이 얼굴이 새까맣게 탄 걸 보니 어디 다녀온 모양이군요.

정희 네, 이번에 우리 동호회에서 전남 완도 쪽으로 답사를 갔다 왔어요. 그 쪽이 새를 관찰하는 데로는 그만이거든요.

웨이 회사일이며 공부며 다 하려면 바쁠 텐데 동호회 활동도 해요? 너무 벅차지 않아요?

정희 동호회에 나가면 회원들하고 여러 가지 정보를 공유하면서 배우는 것도 많아요.

웨이 그런데 정희 씨는 언제부터 그 취미를 가지고 있었어요? 색다른 취미인 것 같은데요.

정희 저는 어렸을 때부터 새에 대해 관심이 많았어요. 그래서 집에서 직접 키우기도 했고요. 그리고 새를 키우면서 새에 대해 하나하나 알아가는 게 여간 재미있지 않아요.

새까맣다
답사
관찰하다
그만이다
벅차다
정보
공유하다
색다르다

어휘

체험하다　　봉사하다　　휴식을 취하다　　자기계발을 하다　　취미활동을 하다

01 다음의 여가 활동은 위의 어떤 어휘와 관계가 있습니까? 알맞은 어휘를 쓰십시오.

02 다음은 '최근의 새로운 여가 문화'에 대한 글입니다. 빈칸에 알맞은 어휘를 쓰십시오.

주5일 근무제가 시작된 이후 한국인의 여가 문화가 달라지고 있다. 주5일제를 시작한 처음에는 여가를 보내는 방법을 잘 몰라서 가정에서 TV를 보며 단순히 **휴식을 취하**는 경우가 많았다. 그런데 점차 쉬는 여가에서 활동하는 여가로 바뀌고 있다. 다시 말해 여가 시간에 다양한 취미생활을 즐기거나 뭔가를 배우면서 ________________는 사람들도 늘고 있다.

최근에는 가족과 함께 하는 여가 활동도 증가하고 있다. 예전에는 주로 가족과 함께 영화나 스포츠 경기, 박물관 등을 구경하는 것이 전부였지만 이제는 주말 농장에 가거나 직접 도자기를 만드는 등 ______________는 여가가 늘어났다.

또 여가생활로 ______________는 사람도 많아지고 있다. 취미를 즐길 뿐만 아니라 그 취미를 전문적인 수준까지 발전시키기도 한다. 그리고 최근에는 자신뿐만 아니라 다른 사람을 위하여 ____________으면서/면서 기쁨을 얻는 사람들이 늘고 있다.

YONSEI KOREAN 4

문법 연습

이며/ 며

01 다음은 팔방미인 제 친구에 대한 설명입니다. 빈칸에 알맞은 말을 쓰십시오.

춤, 노래, 그림 그리기 등 못하는 것이 없음.
모든 과목을 다 잘 함.
못하는 요리가 없음.
못하는 운동이 없음.
안 가 본 곳이 없음.

제 친구 사라는 팔방미인이에요. 춤이며 노래며 못하는 것이 없어요. 머리도 얼마나 좋은지 몰라요. ________이며/며 ________이며/며 못하는 과목이 없어요. 또 요리 솜씨도 좋아서 ________이며/며 ________이며/며 못하는 요리가 없어요. 그리고 운동도 얼마나 잘 하는지, ________이며/며 ________이며/며 못하는 운동이 없지요. 또 제 친구 사라는 여행하는 것도 참 좋아하지요. 그래서 ________이며/며 ________이며/며 안 가 본 곳이 없어요.

여간 -지 않다

02 다음 그림을 보고 질문에 대답하십시오.

가 : 오늘 기온이 뚝 떨어진 것 같아요. 아주 춥지요?
나 : 네, 12월이 되니 날씨가 여간 춥지 않습니다.

가 : 주말에 집들이 한다고 하더니 잘 했어요?
나 : 10명을 초대했는데 혼자서 많은 음식을 하기란 여간 ______________.

가 : 어제 대학입학시험 보는 날이었는데 어땠어요?
나 : 아주 중요한 시험이라서 여간 ______________.

가 : 다음 주가 추석이라서 고향에 다녀와야겠어요.
나 : 기차를 타시는 게 좋을 거예요. ______________.

가 : 직장도 다니고 아이도 키우시느라고 많이 힘드시죠?
나 : 네, ______________.

과제 1 말하기

다음은 특별한 취미를 가진 사람들입니다. [보기]와 같이 인터뷰해 보십시오.

[보기]

기자 : 요즘 특별한 레포츠를 즐기는 사람이 늘고 있다고 하는데요. 이색 레포츠를 즐기는 사람들을 만나보겠습니다. 안녕하세요?

남자 : 네, 안녕하세요?

기자 : 레포츠용 소형자동차를 타고 이렇게 빠른 속도로 달리면 **여간 위험하지 않을 텐데요.**

남자 : 아니에요. 위험하지 않아요. 운전하기가 쉬워서 12살 이상이면 5분 정도 안전 교육을 받은 뒤 누구나 탈 수 있거든요.

기자 : 어떻게 해서 이런 취미를 갖게 되셨어요?

남자 : 제가 이전에 **암벽 등반이며 산악자전거 타기며** 안 해 본 취미 활동이 없어요. 그런데 이것만큼 재미있는 것은 없어요. 스트레스 받았을 때 타면 **여간** 신나지 **않아요.**

과제 2 말하고 듣기 [CD1:39]

01 다음은 한국에서 공부하는 유학생들의 여가 생활에 대해 조사한 것입니다. 표를 보고 이야기해 보십시오.

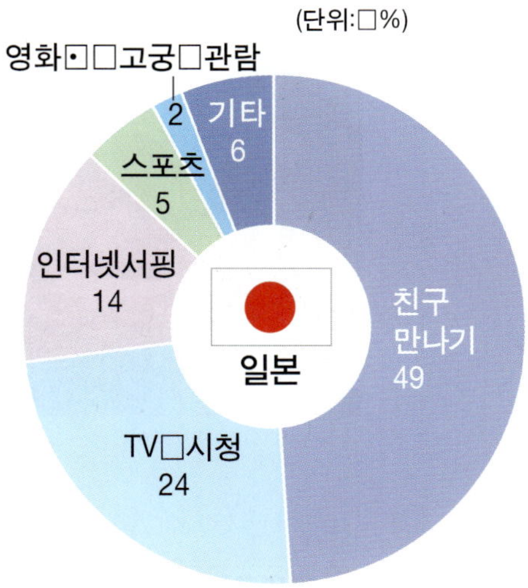

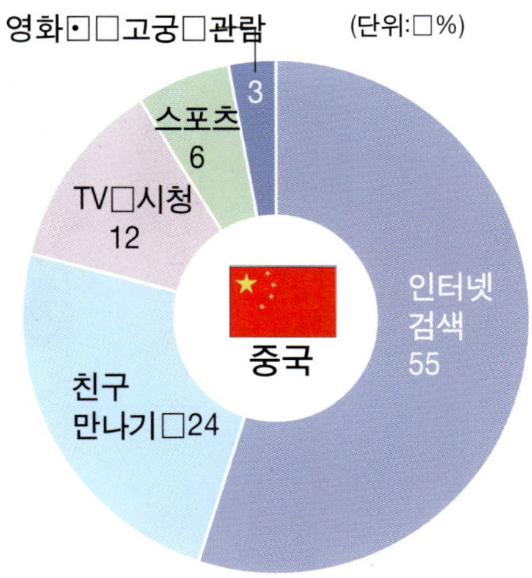

1) 한국에 있는 일본 유학생들은 여가 시간에 주로 무엇을 합니까?

2) 한국에 있는 중국 유학생들은 여가 시간에 주로 무엇을 합니까?

3) 여러분은 여가 시간에 주로 무엇을 합니까?

02 다음은 한국인들 몇 사람이 서로의 취미와 여가 생활에 대해 이야기하는 것입니다. 잘 듣고 맞는 그림에 번호를 쓰십시오.

(　　　　　)

(　　　　　)

(　　　　　)

(　　　　　)

03 다시 듣고 맞는 것에 ✔ 하십시오.

1) 파티 비용은 파티에 참석하는 사람이 모두 나누어 낸다. ☐
직장에서 만나는 사람들을 파티에서 만나면 느낌이 달라서 좋다. ☐

2) 이 사람은 아마 주말에 사람들을 많이 만날 것이다. ☐
드럼을 배우면 회사에서 쌓였던 스트레스가 풀리는 것 같다. ☐

3) 이 사람은 주말에 편히 쉬고 싶어한다. ☐
이 사람은 자기계발을 하면서 주말을 보낸다. ☐

4) 이 사람은 몸이 약해서 운동을 하기로 했다. ☐
이 취미활동은 취미도 즐길 수 있고 체력도 관리할 수 있어 일석이조이다. ☐

05 정리해 봅시다

• 어휘

01 빈칸에 어울리는 어휘를 쓰십시오.

즐기다	흘리다	관찰하다	공유하다	개발하다

1) 눈물, 진땀, 코피, 국물 : ____________
2) 인생, 휴식, 휴가, 휴일 : ____________
3) 도시, 땅, 능력, 기술 : ____________
4) 정보, 기술, 지식, 문화 : ____________
5) 행동, 변화, 자연, 별 : ____________

02 빈칸에 알맞은 어휘를 쓰십시오.

후후	우연히	세대차이	벅차다	공유하다	색다르다

1) 한국 사람들은 라면이 뜨거우니까 ____________ 불면서 먹어요.
2) 요즘 학생들이 보내는 문자를 받으면 이해하기가 어려워서 ____________ 을/를 느낀다.
3) 백화점에 선물을 사러 갔다가 ____________ 대학교 동창을 만났다.
4) 사회가 다양해지면서 ____________ 은/ㄴ 취미를 갖고 있는 사람도 늘고 있다.
5) 요즘 사람들은 동호회를 통해 정보도 ____________ 고 사람들과 친목도 다진다.
6) 4급에 올라오니 신문 발표도 해야 하고 공부할 게 많아서 따라가기가 ____________.

• 문법

다음 상황에 맞게 대화를 완성하십시오.

지난 주말에 친구가 대구에 계신 할아버지 댁에 같이 가자고 해서 대구에 다녀왔다. 듣기에는 대구가 아주 보수적인 곳이라고 들었는데, 들었던 것보다는 그리 보수적이지는 않았다. 그래도 할아버지와 식사를 하는 건 정말 어려웠다.

가 : 저는 지난 주말에 대구에 다녀왔어요.
나 : .... 는다던데/ㄴ다던데/다던데 정말 그래요?
가 : 아니요, ... 에 비하면 ....
나 : 그랬군요. 한국의 어른들과 식사할 때 어렵지는 않으셨어요?
가 : 네, 학교에서 배운 대로 예절을 지키려고 했지만 실수를 많이 한 것 같아요.
.... 은/는 여간 .... 지 않아요.
나 : 그래도 좋은 경험을 하셨네요.

나는 주말마다 회사 동료들과 축구를 한다. 내가 운동을 좋아하기도 하지만 운동을 하면 스트레스가 풀려서 정말 좋다. 주말이면 항상 축구를 하기 때문에 주말에 하루라도 안 하면 오히려 몸이 여기저기 아픈 것 같다. 역시 운동을 하면 건강에 좋다.

가 : 주말에 보통 뭐 하세요?
나 : .... 을/ㄹ 겸 .... 을/ㄹ 겸 ....
가 : 정말 운동을 좋아하시나 봐요. .... 이며/며 .... 이며/며 못하는 운동이 없으시니까요. 겨울에도 축구를 하세요?
나 : 그럼요. .... 건 .... 건 ....
가 : 주말마다 그렇게 쉬지도 않고 축구를 하면 힘들지 않으세요?
나 : 아니요, 오히려 .... 는/은/ㄴ 걸요.
.... 는다고들/ㄴ다고들/다고들 하잖아요.

• 말하기

01 여러분은 한국 음식 중에서 어떤 음식을 좋아합니까?

02 다음은 한국에 사는 외국인들이 가장 좋아하는 음식이라고 합니다. 여러분이 좋아하는 음식에 대해서도 다음과 같이 소개해 보십시오.

제가 좋아하는 음식은 비빔밥과 된장찌개입니다. 비빔밥은 여러 가지 재료를 넣고 만드는데, 저는 채식을 주로 하는 편이라 다양하고 신선한 채소와 여러 가지 나물이 들어간 비빔밥을 즐겨 먹습니다. 싱싱한 자연의 맛이 그대로 담긴 비빔밥에 된장찌개를 같이 먹으면 정말 맛이 좋습니다. 된장에는 몸에 좋은 영양소도 풍부하다고 들었습니다. 몸에 좋은 여러 가지 재료가 들어간 비빔밥과 된장찌개를 먹고 나면 몸이 건강해진 느낌이 듭니다.

저는 낙지볶음을 아주 좋아합니다. 저는 낙지볶음, 육개장, 떡볶이 같은 매운 음식을 아주 좋아해서 잘 먹는데, 한국 사람들이 내 입맛을 알고 나면 한국 사람 같다고 다들 놀라워 합니다. 제가 한국 음식 중에서 낙지볶음을 특별히 좋아하는 이유는 멕시코나 태국의 매운 맛과는 다른 한국 음식만이 지닌 독특한 매운 맛을 가장 잘 보여주기 때문입니다.

문화

한국의 말맛 : '아 다르고 어 다르다'

한국 사람들은 말로 감정과 느낌을 아주 많이 표현합니다. 그래서 우리말 에는 '아 다르고 어 다르다'는 속담이 있습니다.

한국어에서는 모음 하나만 바뀌도 그 말에 대한 느낌이 달라지고 말하는 사람의 듣는 사람에 대한 감정이 드러납니다. 예를 들어 '야, 너 정말 이렇게 할래?' 라고 '이렇게' 이라고 하면 화가 나 있거나 그에 대해 책망하는 느낌이 있지만, '그 녀석, 참, 일을 요렇게 해 놓고 가다니' 라고 '요렇게' 라는 표현을 사용하면 책망은 하고 있지만 상대방을 귀엽게 생각한다는 느낌이 나타나게 됩니다. 물이 흔들리는 모양을 나타내는 '출렁출렁'과 '찰랑찰랑'의 경우도 무엇을 선택하느냐에 따라 다른 느낌을 표현합니다.

감성언어로서의 한국어의 특징은 형용사가 많다는 것에서도 드러납니다.

'얼얼하다, 알알하다, 얼근하다, 얼큰하다, 매콤하다, 매큼하다, 맵다, 알큰하다, 알근하다, 알근달근하다, 칼칼하다, 컬컬하다, 아리다, 쏘다, 알짝지근하다, 맵싸하다' 등 매운 맛을 나타내는 어휘도 매우 다양합니다. 맛이나 색깔 등을 나타내는 형용사뿐 아니라 모양이나 소리를 나타내는 의성어와 의태어도 그 어휘 선택에 따라 다양한 느낌을 전달할 수 있습니다.

1. 한국어의 감성 언어적 특성의 예를 위에서 찾아 이야기해 보십시오.

2. 다음은 신문에 나타나는 의성어, 의태어의 예입니다. 무슨 뜻일까요? 이야기해 보고 여러분도 신문에서 직접 찾아보십시오.

- 마을 잔치로 온 동네 **들썩들썩**
- 가을이라 바람 **솔솔** 불어오니
- 추석 가까워 물가 '**껑충**', 유통 과정 줄이니 한우 값이 **뚝**
- 미국 슈퍼 모델 지난 주말 '**깜짝** 방북'

문법 설명

01 -을/ㄹ 겸

뒤 문장의 행위의 목적이 두 가지 이상임을 나타낼 때 쓴다. '-을 겸 -을 겸' 처럼 반복해서 쓸 수 있다. 받침 있는 동사 뒤에는 '-을 겸', 받침 없는 동사 뒤에는 '-ㄹ 겸'을 쓴다.

- 돈도 벌 겸 경험도 쌓을 겸 아르바이트를 합니다.
- 책장 정리도 할 겸 방청소도 할 겸 대청소를 할까 해요.
- 한국말도 배울 겸 한국 문화도 배울 겸 한국에 왔어요.
- 휴가도 보낼 겸 친척들도 만날 겸 제주도에 다녀왔어요.
- 지난 주말에는 스트레스도 풀 겸 오랜만에 영화도 볼 겸 영화관에 갔다 왔어요.

02 -는다던데/ㄴ다던데/다던데

'-다고 하던데'의 준말로 과거에 간접적으로 들은 사실을 회상하여 말할 때 쓴다. 반말 형태의 종결형으로도 쓰인다. 받침 있는 동사 뒤에는 '-는다던데', 받침 없는 동사 뒤에는 '-ㄴ다던데', 형용사 뒤에는 '-다던데'로 쓴다.

- 오늘은 하루 종일 비가 온다던데 어딜 가려고 하니?
- 김 선생님이 여행을 간다던데 어디로 가는지 아세요?
- 내일은 더 춥다던데 옷을 따뜻하게 입고 나가세요.
- 요즘 장사가 잘 안 된다던데 왜 사업을 시작하려고 하세요?
- 이번에 새로 개봉한 영화가 재미있다던데 같이 보러 가실래요?

03 -는걸요/은걸요/ㄴ걸요

다른 사람의 말에 덧붙이거나 질문에 대해 대답하면서 가볍게 반박할 때 쓴다. 동사 뒤에는 '-는걸요', 받침 있는 형용사 뒤에는 '-은걸요', 받침 없는 형용사 뒤에 '-ㄴ걸요'를 쓴다.

- 가 : 더우면 에어컨을 켜세요.
  나 : 아니에요. 그렇게 덥지 않은걸요.
- 가 : 제 한국어 실력이 형편없지요?
  나 : 아니에요. 한국말 정말 잘 하시는걸요.

- 가 : 바쁘실 텐데 이렇게 와 주셔서 정말 감사합니다.
  나 : 뭘요. 초대해 주셔서 오히려 제가 감사한걸요.
- 가 : 식사가 모자라면 말씀하세요.
  나 : 아니에요. 이걸로도 충분한걸요.
- 가 : 그 친구는 집이 머니까 좀 늦게 도착할 거예요.
  나 : 그분은 벌써 도착했는걸요.

04 에 비하면

어느 하나를 기준으로 다른 하나를 판단할 때 쓴다.

- 나이에 비하면 키가 큰 편이에요.
- 이 옷은 값에 비하면 질이 좋은 편이에요.
- 지은 죄에 비하면 이 정도 벌은 아무 것도 아니야.
- 소방관은 보수에 비하면 위험성이 너무 많은 직업이에요.
- 지금까지 공부한 것에 비하면 이 정도의 성적은 그리 좋은 편이 아니에요.

05 -는다고들/ㄴ다고들/다고들 하다

인용의 '-는다고'에 '들'이 붙은 것으로 일반적으로 많은 사람들이 말하는 것을 인용할 때 쓴다. 받침 있는 동사 뒤에는 '-는다고들', 받침 없는 동사 뒤에는 '-ㄴ다고들', 형용사나 '-었-'뒤에는 '-다고들'을 쓴다.

- 신혼 여행지로는 제주도가 제일 좋다고들 합니다.
- 올해 대학교 입학 시험은 아주 어려웠다고들 해요.
- 요즘은 조기 유학을 떠나는 아이들이 많아졌다고들 합니다.
- 앞으로 지구 온난화 때문에 날씨가 점점 더워질 거라고들 합니다.
- 방학을 이용해 외국으로 배낭여행을 떠나는 대학생들이 많다고들 해요.

06 -건 -건

'-거나 -거나'의 준말로, 앞뒤 비교 가능한 내용이나 상대적인 내용을 나열하고 그것에 상관없이 결과가 같음을 나타낼 때 쓴다.

- 월급이 많건 적건 하는 일은 똑같아요.
- 밉건 곱건 자식인데 어떻게 내쫓을 수 있겠어요?
- 돈이 있건 없건 어떤 가치관을 가지고 사느냐가 중요합니다.
- 네가 그 일을 하건 네 동생이 하건 아무튼 둘 중에 한 사람은 해야 할 거야.
- 한국어를 배웠건 안 배웠건 저희 학교에 입학하려면 시험을 봐야 합니다.

07 이며/며

둘 이상을 나열하여 예시할 때 쓴다. '이며'를 여러 번 겹쳐서 쓸 수도 있다. 받침 있는 명사 뒤에는 '이며', 받침 없는 명사 뒤에는 '며'를 쓴다.

- 가 : 지갑 안에는 뭐가 있었어요?
  나 : 운전면허증이며 주민등록증이며 다 들어 있었어요.
- 가 : 민수 씨는 뭘 잘 해요?
  나 : 공부며 운동이며 못하는 것이 없어요.
- 가 : 그 식당에 왜 자주 가세요?
  나 : 음식 맛이며 분위기며 다 좋아서 자주 가게 돼요.
- 가 : 어떤 음식으로 준비할까요?
  나 : 저는 야채며 고기며 다 잘 먹으니까 아무 음식이나 준비하셔도 괜찮아요.
- 가 : 휴대 전화를 찾으셨어요?
  나 : 아니요, 사무실이며 집이며 다 찾아보았지만 어디에도 없어요.

08 여간 -지 않다

'여간' 뒤에 부정의 '-지 않다, 아니다' 등이 쓰여 '아주 그렇다'는 의미로 쓴다.

- 그 아이는 고집이 여간 세지 않아요.
- 이번 홍수로 피해를 본 지역이 여간 많지 않습니다.
- 날씨가 갑자기 추워져서 배추 값이 여간 비싸지 않아요.
- 대학교에 입학하는 건 여간 어려운 일이 아니에요.
- 공부하면서 돈을 버는 것은 여간 힘든 일이 아닙니다.

제5과 시간과 변화

01
제목 | 기술이 나날이 발전하고 있어요
과제 | 과거와 현재 비교하여 설명하기
어휘 | 시간 관련 어휘
문법 | 만 해도, -다가는

02
제목 | 요즘은 맞벌이를 안 하고서는 생활하기 힘들어요
과제 | 결혼관 조사하여 발표하기
어휘 | 결혼 관련 어휘
문법 | 에 의하면, -고서는

03
제목 | 감시 카메라로 인해 스트레스를 받는 사람들도 많다는데요
과제 | 무인감시카메라 설치에 대해 토론하기
어휘 | 권리 관련 어휘
문법 | 로 인해, 에 달려있다

04
제목 | 오래 있다 보면 변화를 못 느끼는 법이에요
과제 | 의식 변화에 대해 이야기하기
어휘 | 사고방식 관련 어휘
문법 | -더니[2], -는 법이다

05
정리해 봅시다

- 문화
  한국의 가족

01 기술이 나날이 발전하고 있어요

학습 목표 ● 과제 과거와 현재 비교하여 설명하기 ● 어휘 시간 관련 어휘 ● 문법 만 해도, -다가는

인간의 생활에 편리함을 가져다 준 것들은 어떤 것이 있습니까?
앞으로 어떤 것들이 인간의 생활을 편리하게 할 것 같습니까?

CD1:40~41

마리아 지난주에 발표 자료를 구하기 위해 "미래의 생활"이라는 전시회에 다녀왔어요.

민철 그래요? 기술이 나날이 발전하고 있으니까 미래에는 우리 생활이 더욱 더 편리해질 것 같은데 뭐 특별한 게 있었어요?

마리아 신기한 게 많았어요. 냉장고만 해도 지금보다 더 편리해져서 냉장고 문을 열지 않고도 안에 뭐가 있는지 알 수 있어요.

민철 어떻게 그럴 수 있지요?

마리아 냉장고 문에 안에 있는 재료의 목록뿐만 아니라 유통기한, 산지 같은 정보가 표시돼요. 게다가 재료가 다 떨어지면 주문까지 할 수 있도록 해 줘요.

민철 아니! 이렇게 세상이 변해 가다가는 사람들 할 일이 너무 없어지는 거 아니에요?

기술
나날이
목록
유통기한
산지
표시

어휘

옛날	지금	훗날	과거	현재	미래	고대
중세	근대	현대	세기	세대	시대	시절

01 빈칸에 알맞은 어휘를 쓰십시오.

옛날		
	현재	미래

고대 → □□ → □□ → 현대

02 다음 설명에 알맞은 어휘를 쓰십시오.

□□ : 사람의 일생을 구분한 기간. 학창 □□, 어린 □□

□□ : 역사적인 특징으로 구분한 기간. 조선 □□, 고려 □□

□□ : 약 30년을 기준으로 묶은 일정한 나이의 사람들. 신 □□, 구 □□

□□ : 100년을 세는 단위. 20 □□, 21 □□

03 빈칸에 알맞은 어휘를 쓰십시오.

1) 한국은 올해로 외국인 100만 **시대** ~~이~~/가 됐습니다.

2) ________의 힘들었던 기억은 모두 잊고 새로운 미래를 준비합시다.

3) 이 시각 교통상황을 알려드리겠습니다. 이 시각 ________ 김포공항 쪽으로는 안개 때문에 거의 앞이 보이지 않을 정도입니다.

4) 어린이 여러분, 여러분이 먼 ________ 어른이 되었을 때도 오염되지 않은 환경에서 살 수 있도록 환경보호를 위해 노력합시다.

5) 젊은 사람들은 부모님 ________과/와 결혼관이 달라 가끔 의견 차이를 보이기도 합니다.

문법 연습

만 해도

01 예를 더 말해 보고 아래와 같이 이야기해 보십시오.

	예
물가가 올랐다.	• 학원비 : 작년에는 한 달에 20만원, 지금은 30만원 이다. • 휘발유 값 : 작년보다 20% 올랐다. •
취업이 어려울 것이다.	• 연세 무역 : 작년에는 신입 사원을 300명 뽑았으나 올해는 100명 줄이기로 했다. • 한국 전자 : 올해 신입 사원을 뽑지 않기로 했다. •
요즘 아이들의 신체 조건이 좋아졌다.	• 키 : 10년 전보다 평균 2cm 커졌다. • 몸무게 : •
요즘은 휴대 전화가 없는 사람이 없다.	• 초등학생 : 2명 중 1명이 가지고 있다. • 중고등학생 : •
유학을 하려면 돈이 많이 든다.	• 생활비 : 한 달에 70만 원 이상 든다. • 학비 : •

요즘 물가가 많이 올랐어요. 학원비만 해도 작년에는 한 달에 20만원이었는데 지금은 30만원이에요.

맞아요. 어디 학원비뿐인가요? 휘발유 값도 작년보다 20%나 오른걸요.

-다가는

02 경수 어머니는 항상 가족들 걱정입니다. 가족들 모습을 보고 경수 어머니는 어떻게 말할까요?

1) 경수야! 너 그렇게 가까이에서 텔레비전 보다가는 눈 나빠진다.

2) 여보! 그렇게 담배 많이 피우다가는

3)

4)

5)

과제 1 말하기

다음 표를 보고 예를 하나씩 골라 이야기해 보십시오.

〈한국은 어떻게 변했나?〉

		1967년	1987년	2007년
평균 수명(세)	남자	59.7	65.8	75.1
	여자	64.1	74.0	81.9
초혼 나이(세)	남자	24.7	27.8	30.9
	여자	20.5	24.8	27.7
부부 출산율(명)		5.9	1.6	1.1
평균 월급(만원)		2.2	32.2	233.3
자동차 수(만대)			161	1615

한국은 지난 40년 간 많이 변했어요. **평균 수명만 해도** 40년 전에 비하면 남자, 여자 모두 16세 정도 늘어났어요. 의학이 발달하고 살기가 좋아져서 사람들이 예전보다 더 오래 살게 된 것 같아요.

과제 2 읽고 말하기

01 과거에는 상상 속에 있었지만 이제는 일상생활에서 많이 쓰이고 있는 물건은 어떤 것이 있습니까? 이야기해 보십시오.

02 다음은 1869년에 나온 소설 〈해저 2만 리〉입니다.

바다 위를 항해하던 히긴스 호는 바다에서 이상한 것을 발견하게 됩니다.

"앗, 암초다! 암초!"

"뭐, 암초라고?"

선장은 바다를 보며 생각했습니다.

'무슨 소리야? 이런 데 암초가 있다니?'

그 때 갑자기 바다 속에 있는 큰 바위에서 이상한 소리가 났습니다. 그리고는 곧 50 미터가 넘는 두 개의 큰 물기둥이 하늘로 솟아올랐습니다.

"앗, 고래다! 고래! 산더미 같은 고래다!"

선장이 이렇게 외치는 순간 그 거대한 바위는 눈 깜짝할 사이에 사라졌습니다.

3일 후 신문에는 다른 배가 100미터 이상이나 되는 거대한 바위를 보았다는 기사가 실렸습니다.

1) 히긴스 호의 사람들은 바다 속의 이상한 것을 무엇이라고 생각했습니까? 모두 골라 ✔ 하십시오.

암초 ☐	물기둥 ☐	고래 ☐	배 ☐

2) 사람들이 신기하게 생각하고 놀랐던 것은 실제로 무엇일까요? 맞는 것을 골라 ✔ 하십시오.

잠수함 ☐

비행기 ☐

열기구 ☐

03 위와 같이 예전에는 상상속에 있었지만, 이제는 일상이 된 것들이 많습니다. 예전과 비교해서 현재 여러분의 생활에 대해서도 [보기]와 같이 이야기해 보십시오.

민수	인터넷을 통해 강의 시간 확인, 동영상 파일로 강의 청취
나	

[보기]

저는 연세대학교 경영학과 3학년에 다니는 박민수입니다. 예전에 비하면 대학 생활이 정말 편해졌습니다. 1학년 때만 해도 도서관에 가야 해결할 수 있었던 과제들을 이젠 언제 어디서나 해결할 수 있으니까요. 그래서 오늘은 캠퍼스 벤치에 앉아 인터넷을 통해 강의 시간을 확인하고 수업 자료를 준비했습니다. 예전에는 강의 시간에 참석하지 못해서 듣지 못한 강의가 있으면 친구의 공책을 참고했지만 이젠 동영상 파일로 들을 수 있습니다. 또 점심시간에는 학교 식당에 가서 신분증과 신용카드로 사용할 수 있는 스마트 카드로 점심을 사 먹습니다.

02 요즘은 맞벌이를 안 하고서는 생활하기 힘들어요

학습 목표 ● 과제 결혼관 조사하여 발표하기 ● 어휘 결혼 관련 어휘 ● 문법 에 의하면, -고서는

결혼식의 모습이 어떻게 달라졌습니까?
요즘 사람들은 어떤 결혼관을 가지고 있습니까? 과거의 결혼관과 어떻게 다릅니까?

CD1:42~43

제임스 결혼 정보 회사가 뭐예요? 신문과 잡지에 광고가 많이 나던데요.

미선 쉽게 말하면 중매회사예요. 결혼 적령기의 남녀들에게 배우자를 소개시켜 주는 회사지요.

제임스 이용하는 사람들이 많은가 봐요. 그런 광고가 자주 나오는 걸 보면.

미선 아무래도 결혼 정보 회사를 이용하면 자기가 원하는 조건을 갖춘 배우자를 만나기가 쉬우니까요.

제임스 얼마 전에 신세대 결혼관에 대한 기사를 읽었는데, 그 기사에 의하면 요즘 젊은이들의 결혼관이 예전하고는 많이 달라졌대요.

미선 맞아요. 나도 전에 비슷한 기사가 난 걸 본 적이 있어요. 요즘은 맞벌이를 안 하고서는 생활하기가 어려워서 그런지, 젊은 남자들이 직장을 가진 여성을 선호한다고 하더군요.

중매
결혼 적령기
배우자
갖추다
신세대
결혼관
맞벌이
선호하다

어휘

기혼	미혼	이혼	재혼	파혼	혼기	혼담	혼수

01 다음 설명을 읽고 맞는 어휘를 쓰십시오.

1) 약혼한 것을 취소하는 것 : □□
2) 부부가 결혼 관계를 취소하는 것 : □□
3) 두 번째로 하는 결혼 : □□
4) 결혼을 한 상태 : □□
5) 결혼을 안 한 상태 : □□
6) 결혼에 대해 오가는 말 : □□
7) 결혼에 필요한 비용이나 물건 혹은 결혼 후 필요한 물건 : □□
8) 결혼하기에 알맞은 시기 : □□

02 빈칸에 알맞은 어휘를 쓰십시오.

맹 진사에게는 무남독녀 갑분이라는 **혼기** ~~이~~/가 찬 딸이 있었다. 갑분이는 똑똑하고 얼굴이 예뻐서 여기저기에서 ________ 이/가 들어왔지만 맹 진사는 갑분이를 지위가 높고 부자인 김 판서 댁 아들과 결혼시키고 싶어했다. 맹 진사의 노력으로 갑분이를 김 판서 댁 아들과 혼인시키기로 결정하게 되고, 맹 진사는 이 사실을 자랑하고 다녔다. 그런데 결혼을 앞두고 신랑 집에 보낼 ________ 을/를 준비하던 갑분이는 신랑이 다리에 문제가 있어 제대로 걷지 못한다는 소문을 듣게 되었다. 이미 결혼을 하기로 약속을 했기 때문에 ________ 을/를 하기 어려웠다. 맹 진사는 결국 생각 끝에 갑분이 대신 하녀인 이쁜이로 바꿔서 결혼식을 올리기로 했다. 결혼식 날이 되어 결혼식장에 나타난 신랑은 잘 생기고 건강할 뿐만 아니라 다리에 아무 문제도 없었다. 맹 진사는 후회를 했지만 소용없었다. 신랑은 안절부절 못하는 이쁜이에게 자기가 다리에 문제가 있다고 거짓말한 것은 마음씨 착한 여자와 결혼하기 위한 것이었다고 했다. 하녀 이쁜이와 김 판서 댁 아들은 결혼하여 행복하게 살았다.

문법 연습

에 의하면

01 다음을 보고 친구의 질문에 대답하십시오.

이번 기말 시험이 쉬울까요?

이번 살인 사건의 범인이 누구래요?

민호 아빠가 직장을 안 다니고 집안일을 다 하기로 했다면서요?

내년에는 경기가 좀 좋아질까요?

요즘 계속 춥네요. 언제쯤 날씨가 풀릴까요?

선생님 말씀에 의하면 기말 시험은 중간 시험보다 어려울 거래요.

-고서는

02 다음을 보고 질문에 대답해 보십시오.

수험생 유의사항

1) 수험생은 오전 9시까지 입실해야 합니다.
2) 시험 보는 날 반드시 신분증과 수험표를 지참하시기 바랍니다.
3) 휴대 전화는 소지할 수 없습니다.
4) 전자수첩이나 전자사전, 계산기 등을 소지한 경우, 부정행위로 보아 시험을 볼 수 없습니다.

관람 시 유의사항

1) 20인 이상의 단체 관람객의 경우, 반드시 인터넷 혹은 전화로 예약을 해 주시기 바랍니다.
2) 음료수 혹은 음식물은 전시실 안으로 가지고 들어가실 수 없으니 양해 바랍니다.
3) 본 전람회는 사진촬영이 금지되어 있습니다. 휴대 전화나 디지털 카메라는 소지하실 수 없습니다.

내일 고사장에 휴대 전화를 소지하고 들어갈 수 있어요?

내일 고사장에 갈 때 신분증과 수험표를 가지고 가야 돼요?

고사장에 들어갈 때 전자사전을 소지할 수 있어요?

단체 관람을 할 때 꼭 예약해야 돼요?

관람할 때 음식물을 가지고 들어갈 수 있어요?

아니요, 고사장에 휴대 전화를 소지하고서는 들어갈 수 없어요.

과제 1 말하기

다음 도표를 보고 질문에 대답하십시오. 그리고 [보기]와 같이 이야기해 보십시오.

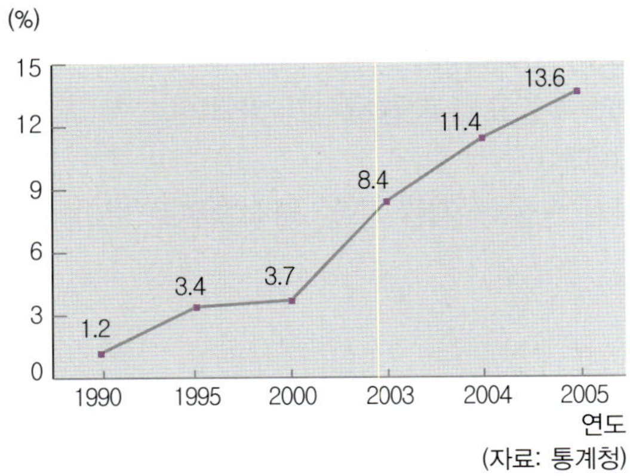

- 국제 결혼 비율 :

- 남자의 재혼 연령 :
- 여자의 재혼 연령 :

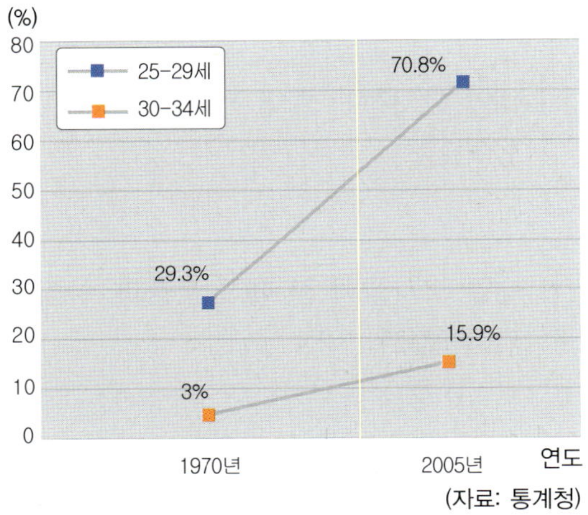

- 20대 미혼 비율 :
- 30대 미혼 비율 :

- 결혼이 필수라고 생각하는 남자의 비율 :
- 결혼이 필수라고 생각하는 여자의 비율 :

- 국제결혼에 대한 한국 사람들의 생각은 어떻습니까?
- 재혼에 대한 한국 사람들의 생각은 어떻습니까?
- 결혼에 대한 한국 사람들의 생각은 어떻습니까?

[보기]

국제결혼에 대한 한국 사람들의 생각이 달라지고 있는 것 같습니다. 통계청 **자료에 의하면** 해마다 국제결혼이 증가한 것으로 나타났습니다. 자료를 보면 2000년에 비해 2005년에는 세 배 이상 증가했습니다. 최근 재혼 및 국제결혼의 급증은 사회 분위기가 점차 개방되면서 결혼에 대한 인식이 달라지고 있음을 보여주는 예입니다.

과제 2 읽고 말하기

01 다음 표는 한국과 일본 남성들이 배우자를 선택할 때 중요하게 생각하는 것들을 조사한 것입니다. 한국과 일본은 어떻게 다릅니까?

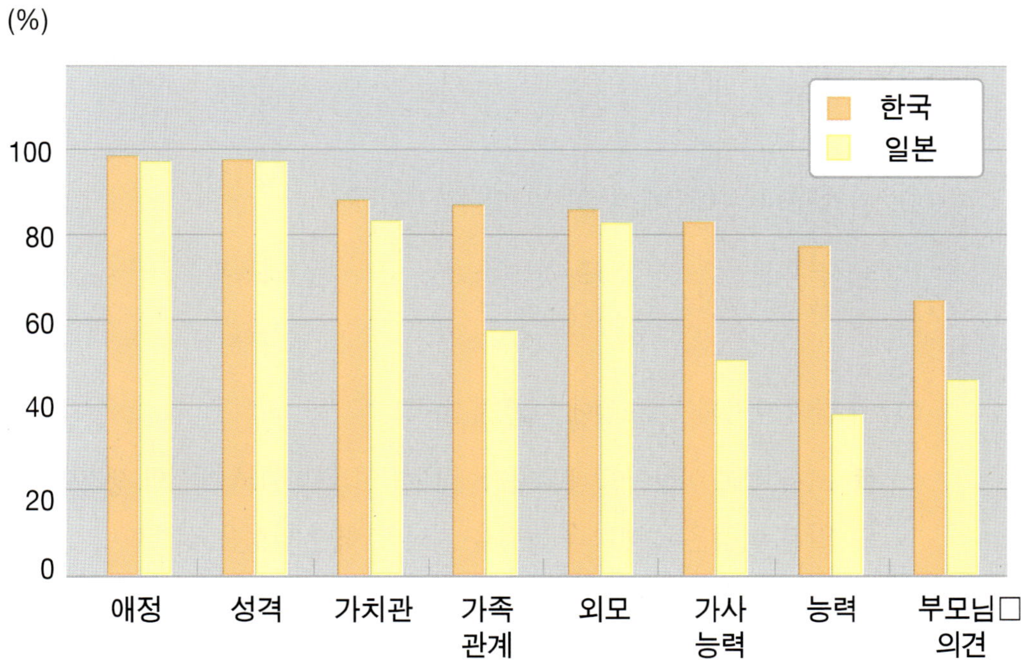

02 여러분은 배우자를 선택할 때 무엇을 가장 중요하게 생각합니까? 다음 글을 읽고 질문에 답하십시오.

한국과 일본의 2~30대 여성의 결혼관은 어떤 차이가 있을까? 한 결혼정보 회사 에서 두 나라의 2~30대 미혼 여성을 대상으로 '결혼관'을 설문 조사한 결과 이상 적인 남편감의 조건에 대해 두 나라 여성들의 생각이 아주 다른 것으로 나타났다.

한국 여성은 경제적 능력을 갖춘 남성을 배우자로 가장 선호하는 데 비해 일본 여성은 따뜻한 성격과 애정을 가진 남성을 원하는 것으로 나타났다. 최근 두 나라의 설문 조사결과 결혼상대를 선택할 때 한국 여성은 '능력'과 '장래성'을 가장 중요하다고 생각한 데 비해 일본 여성은 '성격'과 '애정'을 선택했다. 그 다음으로 한국 여성은 성격, 애정, 수입을 중요하다고 생각하고, 일본 여성은 가치관, 건강, 가사능력을 중요하다고 생각했다. 한국 여성이 일본 여성에 비해 배우자의 경제력을 중요하게 생각한다고 할 수 있다.

특히 배우자의 직업에 대해 한국 여성의 대부분이 '중요하다'고 답했지만 일본 여성은 절반 정도만이 '그렇다'고 답했다. 또 한국 여성들은 학력과 키도 중요하다고 생각했지만 일본 여성들은 중요하게 생각하지 않았다. 일본 여성들이 경제력이 다소 떨어져도 따뜻하고 자상한 성격을 가진 남성을 선호하는 데 비해 한국 여성들은 외모, 성격까지 겸비한 '완벽한 남자'를 원하고 있다.

1) 위의 조사는 무엇에 대한 조사입니까? (　　)

듀 결혼관　　드 가족관　　득 교육관　　든 자녀관

2) 위 글의 내용과 같은 것에 ✔ 하십시오.

듀 조사 결과 이상적인 배우자감에 대한 한국과 일본 여성의 생각이 많이 달랐다. ☐

드 일본 여성은 경제력과 능력을 지닌 완벽한 남성을 선호한다. ☐

득 한국 여성들은 경제력보다는 따뜻하고 자상한 남성을 선호한다. ☐

3) 위 글을 읽고 다음 도표를 완성하십시오.

한국과 일본 여성들의 결혼관

한국

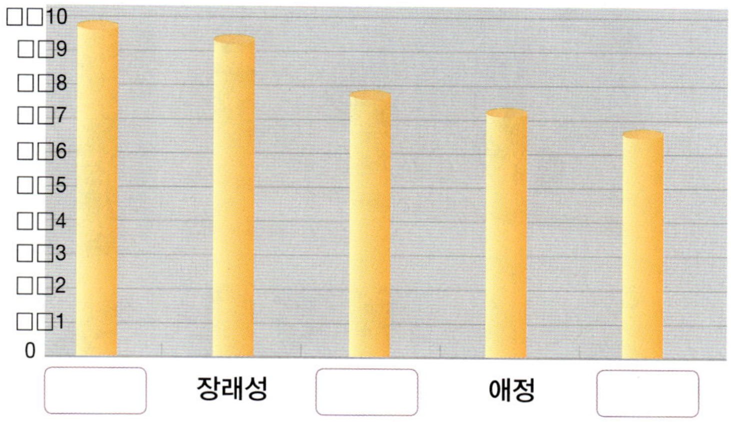

일본

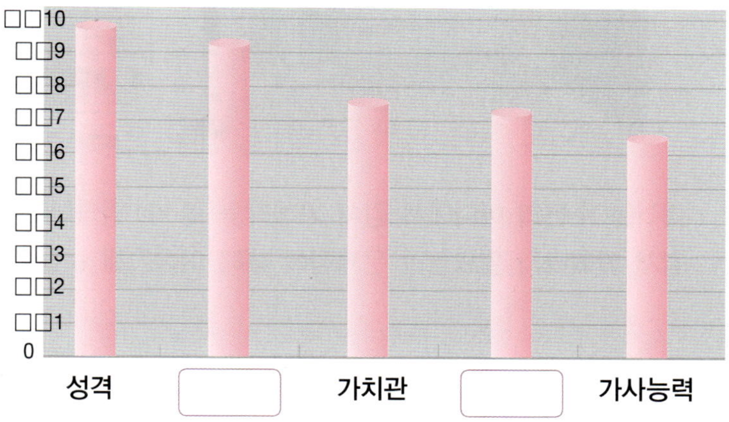

03 반 학생들의 결혼관에 대해 조사를 하고 그 결과를 발표해 보십시오.
다음 중 무엇이 가장 중요하다고 생각합니까? 친구에게 묻고 순서대로 이야기하십시오.

03 감시 카메라로 인해 스트레스를 받는 사람들도 많다는데요

학습 목표 ● 과제 무인감시카메라 설치에 대해 토론하기 ● 어휘 권리 관련 어휘 ● 문법 로 인해, 에 달려있다

여러분 주변의 어디에서 감시 카메라를 볼 수 있습니까?
감시 카메라의 필요성과 문제점에 대해 이야기해 보십시오.

CD1:44~45

영수 저는 요즘 곳곳에 설치되어 있는 감시 카메라를 볼 때마다, 누군가 내 행동을 감시하고 있다는 생각이 들어서 불편해요.

리에 저는 반대로 감시 카메라가 보이면 안심이 되는데요. 우리의 안전을 지켜준다는 생각이 들거든요.

영수 그런 면도 있긴 하지만 감시 카메라로 인해 스트레스를 받는 사람들도 많다는데요. 아무래도 행동에 제약을 받으니까요.

리에 사람들 생활의 편리함을 위해 만들어진 거라고 생각하는데 오히려 부담이 되는 거네요.

영수 이것이 악용될 경우에는 사생활이 심각하게 침해를 받을 수도 있으니까요.

리에 글쎄요, 그건 어떻게 생각하느냐에 달려 있다고 봐요.

감시
안심
안전
면
제약
악용되다
침해

어휘

권리 인권 소유권 재산권 저작권 초상권 명예훼손 손해배상

01 다음 설명을 읽고 맞는 어휘를 쓰십시오.

1) 자신의 이익을 주장할 수 있는 힘이나 자격. □□
2) 인간으로서 가지고 있는 기본적 권리. □□
3) 사진 등 자신의 얼굴에 대하여 가지는 권리. □□□
4) 자신의 물건을 자유롭게 사용하거나 처분할 수 있는 권리. □□□
5) 자신이 만든 그림이나 노래 등의 작품에 대하여 가지는 권리. □□□
6) 경제적 이익을 목적으로 자신의 재산에 대하여 가지는 법적인 권리. □□□
7) 남에게 입힌 손해를 돈이나 물건으로 물어 주는 것. □□□□
8) 거짓으로 다른 사람의 체면에 손해를 입히는 일. □□□□

02 빈칸에 알맞은 어휘를 쓰십시오.

1) 신 모 씨는 자신의 사진을 허락도 없이 신문에 실어서 자신의 초상권 을/를 침해한 신문사를 상대로 소송을 제기했다.

2) 유명 연예인 김 모 씨가 심각한 우울증 증세로 병원에 입원하게 되자 법원은 자신을 보호할 수 없는 김 모 씨를 대신하여 그의 아버지가 재산을 관리할 수 있도록 허락했다. 그래서 김 모 씨의 ________은/는 아버지가 가지게 되었다.

3) 정치인 이 모 씨는 최근 잡지사 기자를 ________으로/로 고소했다. 이 씨에 의하면 잡지사 김 모 기자가 자신과 관계가 없는 이야기를 사실인 것처럼 기사를 실어 본인의 이미지가 나빠졌다고 한다.

4) 슈퍼 모델 마리는 어느 회사가 자신의 허락도 없이 자신과 남자 친구의 사진을 신문에 실었기 때문에 초상권 침해를 이유로 50만 유로의 ________청구 소송을 했다.

5) 한국그룹 고 장문수 회장 소유의 미술관에 대해 회장의 두 아들이 ________을/를 주장하며 소송 중이다.

6) 연세뉴스가 제공하는 기사, 사진, 도표, 동영상 등 모든 정보에 대한 ________은/는 연세뉴스에 있으니 불법으로 사용하면 안 됩니다.

YONSEI KOREAN 4

문법 연습

으로/로 인해

01 다음 신문의 제목을 보고 기사 내용을 써 보십시오.

폭설 내려 출근길 교통 매우 혼잡

어제 저녁부터 내리기 시작한 눈으로 인해 오늘 아침 출근길이 매우 혼잡했다. 또한 이번 폭설로 인해 일부 도로가 막혀 많은 시민들이 불편을 겪었다.

중학 2년생 집단 따돌림으로 자살 시도

지난 21일 서울 모 중학교에서 중학교 2학년생이 자살을 시도한 것으로 밝혀져 충격을 주고 있다. 이 중학생은 ....

서해안 바다 오염, 주민들 생계 막막

....

가구공장 화재, 재산피해 커

....

신촌 지역 도로공사, 소음 심해져

....

에/에게 달려 있다

02 다음과 같이 여러분의 생각을 말해보십시오.

어떻게 하면 성공할 수 있을까요?

저는 일이 마음대로 되지 않아 짜증만 나요.

어떻게 하면 인생을 행복하게 살 수 있을까요?

이번 시험은 아주 어렵다고 해요. 어떻게 하면 합격할 수 있을까요?

이번에 여행을 가려고 하는데 좀 재미있게 다녀오는 방법이 없을까요?

글쎄요, 성공은 얼마나 노력하느냐에 달려 있지 않을까요? 노력만 한다면 성공할 수 있다고 생각해요.

세상만사는 마음먹기에 달려 있어요. 하기 싫다고 생각하면 힘들고 즐겁게 하면 하기 쉽지요.

과제 1 쓰기

여러분은 연예인의 사생활 공개와 사생활 침해 문제에 대해 어떻게 생각하십니까?

- 대중은 연예인의 사생활을 알고 싶어 한다. '국민의 알 권리'를 위해 연예인의 사생활은 공개되어야 한다. ☐
- 연예인도 한 인간으로서 사생활을 보호받을 권리가 있다. 연예인의 사생활이 상업적 으로 이용되어서는 안 된다. ☐

다음을 읽고 여러분의 생각을 [보기]와 같이 써 보십시오.

연예인의 사생활이 방송에서 소재가 된 지 오래다. 아침 교양프로그램에서는 연예인의 집을 소개하면서 부엌에 들어가 냉장고 속 음식과 침실을 공개하며 그들의 부부생활까지도 들여다보고 있다. 또 텔레비전 오락 프로그램에서는 연예인의 솔직한 이야기를 듣는다고 그들의 사생활을 묻는 토크쇼가 방송된다. 아침 뉴스에서까지 연예인 뉴스 코너를 만들어 연예 소식을 알려준다.

최근 한 연예인은 자신의 사생활이 대중에게 공개되어 큰 정신적 피해를 입었다고 한다. 가난한 가정에서 어렵게 살아서 한때 나쁜 길로 빠졌었는데, 그런 과거의 사실이 공개되면서 현재의 삶에도 큰 영향을 주고 있다. 그는 "그 때의 일은 이미 벌을 받았고 이제는 마음을 잡고 열심히 살려고 했는데…"라고 하며 안타까워했다.

[보기]

최근 연예인의 사생활 공개로 인해 많은 문제점이 지적되고 있다. 대중은 연예인의 사생활을 알고 싶어 하며, 연예인은 그러한 대중의 관심 속에 살고 있다. 따라서 연예인이 자신의 사생활을 일정 부분 공개해야 하는 것은 그들의 의무일 수도 있다. 그러나 사실이 아닌 소문이 진실인 것처럼 퍼져서는 곤란하다고 생각한다. 특히 최근에는 인터넷을 중심으로 이러한 소문이 무섭게 퍼져 나가고 있다.

그러나 연예인도 한 인간으로서 기본적 권리인 인권은 보호되어야 한다. 무분별한 사생활 공개로 인해 정신적 피해를 보는 일은 없어야 하겠다. 연예인의 사생활 보호 문제는 이제 방송 관계자뿐만 아니라 일반 대중들의 의지에 달려 있다고 하겠다.

과제 2 듣고 말하기 [CD1:46]

01 다음은 무인 감시 카메라 설치에 대한 찬성과 반대 중 어느 것의 의견으로 알맞겠습니까?

- 무인 감시 카메라 설치에 찬성한다. (듄 ,)
- 무인 감시 카메라 설치에 반대한다. (,)

듄

일부 지역 감시 카메라 설치 후 범죄율 34% 감소

영국 한 지역에서는 거리에 카메라를 설치하고 1년 후 범죄율을 조사한 결과 범죄율이 34% 떨어졌다고 한다.

드

감시 카메라 녹화 화면, 인터넷에 퍼져

감시 카메라로 녹화된 영상이 인터넷에 그대로 노출되어 개인의 사생활 침해 문제가 심각하게 제기되었다.

득

무인 감시 카메라, 범인 검거에도 효과 있어

미국의 플로리다 주는 미식축구 경기장 입구의 디지털카메라로 입장객을 촬영한 후 얼굴인식 시스템을 통해 살펴본 결과 범죄자 19명을 찾아냈다고 한다.

든

무인 감시 카메라, 범죄 억제 효과 의문

서울의 한 지역에서는 감시 카메라 설치 후 그 달에는 잠깐 범죄율이 감소하는 것 같았으나 얼마 후에는 다시 증가했다고 한다.

02 무인 감시 카메라 설치에 대한 찬성과 반대 의견을 듣고 정리해 보십시오.

찬성	반대
• 범죄를 예방할 수 있다.	• 개인의 사생활을 침해한다.

03 여러분은 감시 카메라 설치에 대해 찬성합니까? 반대합니까? 다음 질문에 대해 이야기해 보십시오.

- 무인 감시 카메라는 어디에 설치하고 그 목적은 무엇입니까?
- 무인 감시 카메라를 설치하면 어떤 점이 좋을 것 같습니까?
- 무인 감시 카메라의 부작용은 어떤 것이 있겠습니까?
- 교실 혹은 여러분의 집 앞에 무인 감시 카메라가 있다면 어떨 것 같습니까?
- 무인 감시 카메라가 있는 곳에는 '녹화 중'이라는 안내판이 있어야 할까요? 없어도 될까요?

04 오래 있다 보면 변화를 못 느끼는 법이에요

학습 목표 ● 과제 의식 변화에 대해 이야기하기 ● 어휘 사고방식 관련 어휘 ● 문법 –더니[2], –는 법이다

■ 10년간 달라진 한국인의 가치관 변화(단위%)

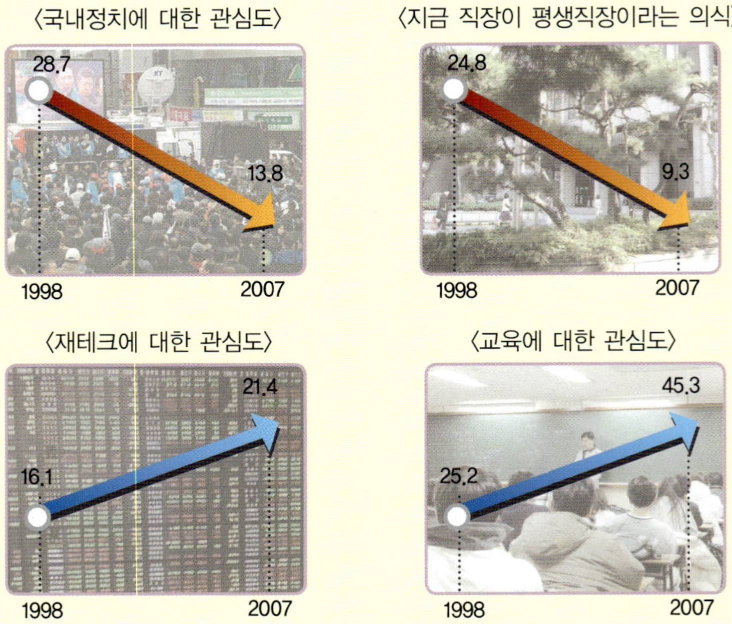

위의 도표는 지난 10년간 달라진 한국인의 가치관 변화를 나타낸 것입니다.
한국 사람들의 어떠한 의식 변화를 나타내고 있습니까?
여러분들은 위의 문제에 대해 어떻게 생각하십니까?

CD1:47~48

친구 예전에 비하면 사람들 모습이 다양해진 것 같아. 전에는 까만색이나 회색 정장에 짧은 머리 모양을 한 회사원들이 많더니 이젠 그렇지도 않은데.

리에 관찰력이 좋다. 나는 잘 못 느꼈는데.

친구 난 한국에 오랜만에 와서 그런지 달라진 걸 금방 알겠어. 너처럼 한 곳에 오래 있다 보면 변화를 잘 못 느끼는 법이야.

리에 그런가 봐. 나도 처음 왔을 때는 신기한 게 많았는데 요즘은 달라진 걸 별로 못 느끼겠어.

친구 한국인의 사고방식도 많이 바뀌었을 거라는 생각이 드는데 그동안 살아보니까 어때?

리에 뭐랄까? 보수적인 생각이 좀 바뀐 것 같아. 요즘은 결혼이나 아들에 대한 생각이 많이 달라졌어.

관찰력
신기하다
사고방식
보수적이다

어휘

개방적	개성적	독립적	보수적	의존적	진보적	폐쇄적	획일적

01 다음 어휘와 반대가 되는 것을 연결하십시오.

1) 개방적 • ········ • 폐쇄적

2) 진보적 • • 의존적

3 독립적 • • 보수적

4) 개성적 • • 획일적

02 빈칸에 알맞은 어휘를 찾아 쓰십시오.

1) 상우 씨는 **진보적** 인 사람이다. 변화와 발전을 중요하게 생각하며 시대의 흐름에 앞서 가려고 노력한다.

2) 영호 씨는 ________인 사람이다. 다른 사람과 어울리는 것을 좋아하지 않아 늘 혼자 생활한다.

3) 마이클 씨는 ________인 사람이다. 다른 사람의 생각을 잘 받아들이고 마음이 열려 있다.

4) 미선 씨는 ________인 사람이다. 유행에 상관없이 다른 사람들과 다른 자기만의 특별한 옷차림을 고집한다.

5) 링링 씨는 ________인 사람이다. 외동딸로 과보호를 받고 자라서 그런지 지나치게 부모님에게 의지하려는 데가 있다.

6) 수잔 씨는 ________인 사람이다. 어렸을 때부터 집을 떠나 생활을 해서 무슨 일이 든지 혼자 잘 처리한다.

7) 다나카 씨는 ________인 사람이다. 새로운 것이나 변화보다는 전통을 지키려고 하는 성격이 강하다.

8) 그 회사는 ________이다. 개인적인 행동을 인정하기보다는 집단이 모두 똑같이 통일되게 움직여야 한다고 한다.

문법 연습

-더니²

01 다음 사진을 보고 예전과 어떻게 달라졌는지 쓰십시오.

1)

아침에는 비가 오더니 날씨가 화창하게 개었어요.

2)

....

....

3)

....

....

4)

....

....

5)

....

....

-으면 -는 법이다

02 다음과 같은 상황에서 뭐라고 말하겠습니까? 맞는 문장을 골라 말해 보십시오.

이번 시험을 못 봤어.

지난번에 신호위반으로 벌금을 6만 원이나 냈어.

이번에 승진이 될 줄 알았는데 안 됐어.

내가 시간 약속을 안 지킨다고 친구들이 나를 안 믿으려고 해.

시간이 없어서 급히 서둘렀더니 일이 잘못 됐어.

노력하지 않으면 실패하는 법이야.

- 윗물이 맑아야 아랫물이 맑다.
- 가는 말이 고와야 오는 말이 곱다.
- 기다리면 때가 온다.
- 노력하지 않으면 실패한다.
- 법을 안 지키면 벌을 받는다.
- 급하게 서두르면 실수하기 쉽다.
- 이기적인 행동을 하면 인간관계가 나빠진다.
- 약속을 안 지키면 신용을 잃는다.

과제 1 말하기

다음은 한국의 전통적인 사고방식입니다. 이에 대해 여러분의 생각을 [보기]와 같이 이야기해 보십시오

- 남녀가 일곱 살이 되면 한 자리에 있으면 안 되는 법이다.
- 장남이 부모를 모셔야 하는 법이다.
- 아들이 제사를 지내야 하는 법이다.
- 암탉이 울면 집안이 망하는 법이다.
- 여자는 한 지아비만을 섬겨야 하는 법이다.

[보기]

한국의 전통적인 사고방식은 유교의 영향을 많이 받은 것 같습니다. 특히, 암탉이 울면 집안이 **망하는 법**이라는 생각이나 여자는 한 지아비만을 섬겨야 **하는 법**이라는 생각은 유교의 남존여비 사상이 그대로 드러나는 의식이라고 생각합니다. 하지만 이러한 사고방식은 여성들의 사회 참여가 많아진 현대 사회에는 적절하지 않다고 봅니다. 이제는 생각도 많이 바뀌었고요.

과제 2 말하고 쓰기

01 다음은 한국인의 의식에 대해 조사한 내용입니다. 다음 표를 보고 이야기해 보십시오.

만약 한 자녀만을 가져야 한다면 남자아이가 좋다고 생각합니까? 아니면 여자아이가 좋다고 생각합니까?

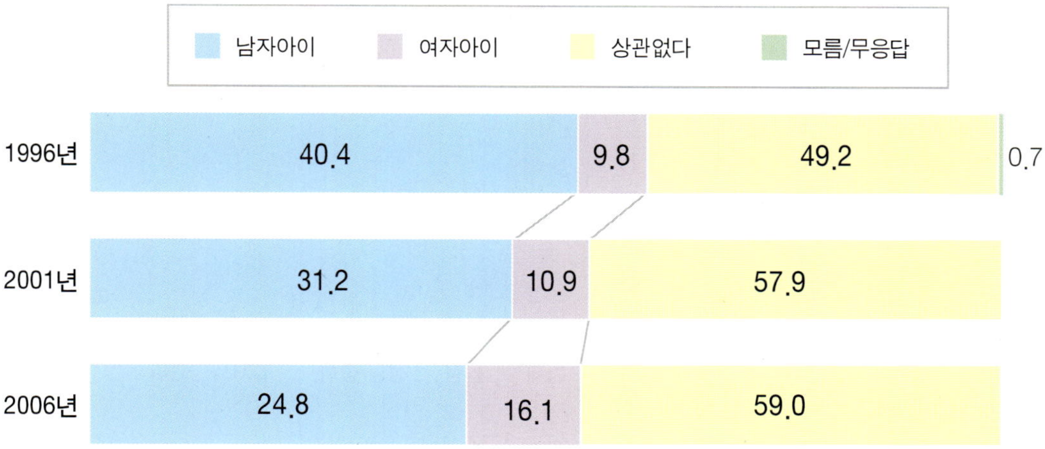

이혼에 대해 어떻게 생각합니까?

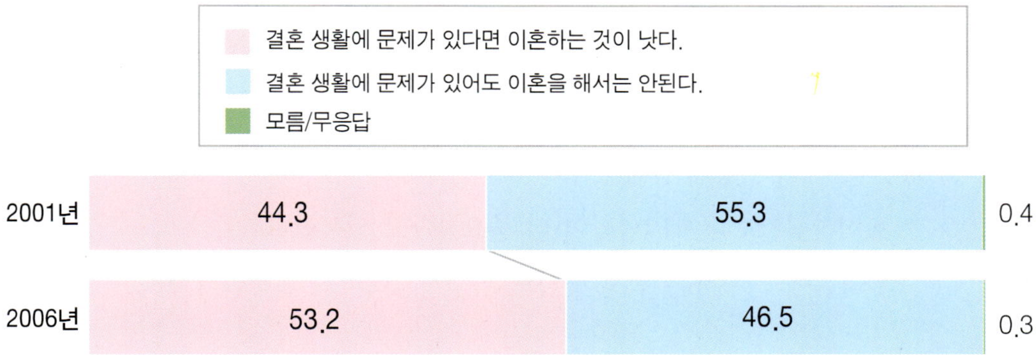

가정생활에서 무엇이 가장 중요한가요?

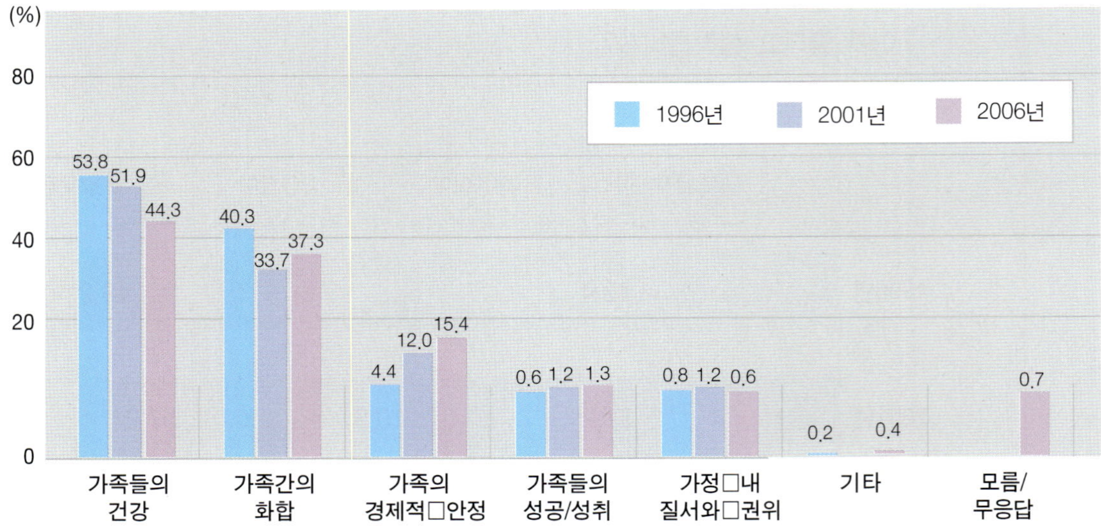

02 여러분 나라의 변화된 의식에 대해 다음의 주제로 이야기해 보십시오.

1) 가족관이 예전과 많이 달라졌다고 생각합니까?
   - 어려운 일이 있을 때 가족에게 의지합니까?
   - 고민이 있을 때 가족과 자주 이야기합니까?

2) 직업관이 어떻게 달라졌다고 생각합니까?
   - 직장생활보다 개인생활이 더 중요하다고 생각합니까?
   - 처음에 근무하는 직장이 나의 평생직장이라고 생각합니까?

03 여러분 나라의 변화된 의식에 대해 [보기]와 같이 글을 써 보십시오

[보기]

한국의 전통사회에서는 유교의 영향으로 남녀가 결혼을 하면 자녀를 낳아 집안의 대를 이어야 했다. 대를 잇기 위해서는 꼭 아들을 낳아야 했다. 만약 그렇지 못하면 시집에서 쫓겨났으므로 결혼한 여자들은 아들을 낳기 위해 애를 썼다.

현대사회에 와서도 남아선호사상은 여전해서 1990년대에는 여자아이 100명당 남자아이 약 117명으로 나타나 사회 문제가 되기도 했다. 2002년에 와서 그 비율이 줄어들기 시작해 2006년 조사에서는 107.4명으로 줄었다. 이것은 전세계 평균인 100:107에 가깝고, 인구 학자들이 정상으로 생각하는 100:105에도 가까운 비율이다. 2007년에는 25년 만에 106.1명으로 남녀성비가 정상성비로 균형을 이루었다.

이렇듯 한국사회는 여성의 지위향상과 태아성감별 금지, 출산율 하락 등의 영향으로 전통 사고방식인 남아선호사상에서 벗어나고 있다.

05 정리해 봅시다

• 어휘

01 빈칸에 알맞은 어휘를 쓰십시오.

맞벌이	표시하다	선호하다	갖추다	나날이

1) 그 사람은 그 일에 맞는 조건을 ______________.
2) 메마른 날씨 속에 화재위험도 ______________ 높아지고 있습니다.
3) 최근 ______________ 부부가 증가하면서 육아문제가 큰 사회문제로 나타나고 있다.
4) 신혼부부들은 주거지로 주택보다 아파트를 ______________.
5) 수산물의 원산지를 허위로 ______________ 으면/면 1억 원 이하의 벌금을 내야 한다.

02 빈칸에 알맞은 어휘를 쓰십시오.

안심	안전	감시	제약

최근에 일어난 아동을 대상으로 한 범죄는 감시 카메라에 대한 사람들의 생각을 바꾸어 놓았다. 감시 카메라를 설치하는 것에 대하여 여러 가지 부정적인 의견들이 있었는데 자신의 행동이 ______________ 당하는 것 같아 기분이 나쁘고 ______________ 침해의 가능성이 있다는 점이었다. 그러나 최근 납치된 아이들의 경우 학교가 끝난 후 놀다가 없어진 아이들을 찾으려면 곳곳에 설치된 감시 카메라에 의존하는 수 밖에 없었다. 개인의 사생활이 ______________ 을/를 받을 수 있다는 문제점이 있는 것은 사실이지만 아이들의 ______________ 을/를 생각할 때 부모들에게는 도시 곳곳에 아동 범죄 예방을 위해 감시 카메라를 설치한다는 뉴스는 매우 ______________ 이/가 되는 뉴스이다.

• 문법

다음 상황에 맞게 대화를 완성하십시오.

두 사람은 기술이 발달해서 과거와 달리 외울 필요가 없어진 것에 대해 이야기한다. 예전에는 당연히 외웠던 전화번호나 노래가사를 휴대폰이나 노래방 기계 등이 나오면서 외우지 않게 되었다. 최근 연구에서 밝혀진 것에 의하면 외우는 능력은 쓰면 쓸수록 발달되고, 쓰지 않으면 그 능력이 없어진다고 한다

영수 : 제가 오늘 휴대폰을 안 가져와서 그러는데 미선 씨 전화번호 혹시 기억하세요?

리에 : 잠깐만요. 저도 휴대폰에 저장된 것을 봐야 알 것 같아요. 핸드폰이 없었을 때는 전화번호를 다 외웠는데 요즘은 잘 못 외워요.

영수 : 맞아요. 저도 요즘 휴대폰을 안 가져온 날은 전화를 못 해서 당황스러워요. 노래가사도 요즘은 잘 못 외워요. 요즘은 노래방에 가서 가사를 보고 노래를 하다가 보니 가사를 잘 모르는 경우가 많아요. 이제는 .... 고서는 노래를 할 수 없어요.

리에 : 여러 가지 기술이 발달하면서 외워야 하는 부담이 없어진 것은 좋지만 기억력이 예전에 비해 많이 떨어진 것 같아요.

영수 : 어떤 능력이든지 계속 사용해야 되는데 안 쓰니까요.
.... 면/면 .... 는 법이지요.

리에 : .... 에 의하면 기억하는 능력도 계속 쓰지 않으면 없어진대요.

영수 : 그렇지요. 사람의 기억력도 .... 느냐에 달려있는 것 같아요.

컴퓨터 등의 사용이 많아지면서 편리한 점도 있지만 여러 가지 문제점도 생긴 것에 대해 이야기하고 있다. 뉴스에 의하면 초등학교 학생의 35%이상이 안경을 쓰고 있다고 한다. 각종 전자제품의 사용이 많아지면서 시력이 나빠진 학생들이 많아졌다. 이렇게 무제한으로 전자제품을 사용하면 여러 가지 부작용이 생길 것이다.

영희엄마 : 요즘 눈이 나쁜 아이들이 많아진 것 같아요. 학생들 중에 예전에 비해 안경 쓴 학생들이 많지 않아요?

민호엄마 : 네, ________________만 해도 거의 10명 중 3명 이상이 안경을 쓴대요. 요즘 사람들이 왜 그렇게 눈이 나빠졌지요?

영희엄마 : 제 생각에는 ________________으로/로 인해 시력이 점점 나빠지는 것 같아요. 저희 집 아이만 해도 유치원 때는 괜찮더니 ________________. 요즘 학생들은 단어도 전자사전이나 인터넷 검색을 통해 찾고 각종 게임이나 놀이 등도 컴퓨터를 이용하는 경우가 많아서요.

민호엄마 : 이렇게 컴퓨터나 각종 전자제품을 너무 오래 ________________다가는 여러 가지 문제가 생길 것 같아요. 기계가 발달하면서 편리해진 점도 있지만 과다하게 사용할 경우 부작용이 생기기도 하지요.

• 말하기

01 옛날과 지금을 비교해 봤을 때 무엇이 달라졌는지 정리하여 이야기해 보십시오.

02 과거의 불편함을 없애기 위해 많은 물건들이 만들어졌습니다. 여러분은 다음의 문제를 해결하기 위해 어떻게 하시겠습니까? 이야기해 봅시다.

자동차는 현대인의 필수품입니다. 하지만 자동차 사고가 문제죠. 과학기술로 사고를 미리 막을 수는 없을까요? 어떻게 하면 사고를 줄일 수 있을까요?

요즘은 어느 집이나 텔레비전을 리모컨으로 켜고 끄죠. 그 리모컨이 없어지면 우리 집에서는 아주 난리가 나는데 어떻게 하면 텔레비전을 좀 더 편하게 볼 수 있을까요?

현재 많은 도시에서는 교통 문제가 심각합니다. 자동차로 갈 수 있는 길은 한정되어 있고 자동차는 많고 이럴 때는 어떤 방법이 있을까요?

회사원인 저는 오늘도 신분증을 집에 놓고 와서 출근 체크를 못했습니다. 저처럼 건망증이 심한 사람들을 위해 좀 더 편리한 신분증을 만들어 줄 수는 없나요?

03 미래의 세계에서는 우리의 생활이 어떻게 될까요? 이야기해 보십시오.

문화

한국의 가족

사람은 가족 속에서 태어나서 성장하고 죽게 됩니다. 이런 변화 속에서 가족관계나 가족생활에 대한 기쁨과 실망, 만족과 회의, 사랑과 고독 등의 희로애락을 경험하게 됩니다. 가족은 사랑의 공동체로서 이해타산이나 경쟁과 갈등 없이 서로 협동하는 인간관계가 숨쉬는 곳입니다. 다시 말해 약자와 강자, 유능한 사람과 무능한 사람 사이의 차별 없이 제각기 가지고 있는 능력을 마음껏 발휘할 수 있는 곳이며, 가족은 개성을 있는 그대로 받아주고 함께 일하고 함께 쉬며 즐기는 가운데 오히려 약자를 더욱 사랑하며 돌봅니다. 이것이 인간사회가 추구하는 평등, 자유, 사랑을 실현하는 이상적 모습으로서의 가족인 것입니다. 이런 이상을 가졌기에 가족은 현실에 대한 실망과 좌절에도 불구하고 지속되고 있습니다.

전통적으로 한국가족은 효가 강조되는 확대가족(부부와 결혼한 자녀가 같이 사는 가족)이었습니다. 부계가족으로서 남편이 가장의 역할을 하고 아내는 자녀를 키우고 시부모님을 모시는 역할을 했습니다. 외국의 경우 가족은 안식처이면서 자녀를 사회화하는 곳이지만 한국은 이것 이외에 친척관계를 유지한다는 중요한 역할을 했습니다.

한국사회가 전통사회에서 산업사회로 발전되면서 한국가족도 많은 변화를 겪게 되었습니다. 핵가족(부부와 미혼의 자녀가 같이 사는 가족)이 대부분으로서 남편이 가장의 역할을 하지만 가족부양의 책임은 아내와 같이 공유하는 방향으로 나아가고 있습니다. 즉 맞벌이 부부가 늘어나고 있고 또 자녀수가 아주 많이 줄고 있습니다. 과거에 비해 효에 대한 생각이 많이 희박해지고 있고 또 부계사회에서 모계사회 쪽으로 옮겨가는 경향이 조금씩 보이고 있습니다. 맞벌이 부부가 자녀 양육을 도와주는 부모와 더 가까워지고 있기 때문인 것으로 볼 수 있습니다.

1. 전통적으로 한국의 가족은 어떠했습니까?

2. 여러분은 전통적인 가족관계가 변화하는 것에 대해 어떻게 생각합니까?

문법 설명

01 만 해도

명사에 붙어서 '다른 여러 경우는 생각하지 않고 단지 이 경우만을 예를 들어 말해도'의 뜻으로 쓰인다. 일부 조사와 어울려서 '까지만 해도', '으로만 해도', '에서만 해도' 등으로도 쓸 수 있다.

- 10년 전만 해도 신촌이 이렇게 복잡하지 않았어요.
- 몇 달 전만 해도 한국말은 인사말 밖에 몰랐어요.
- 학기 초만 해도 열심히 했는데…
- 기름값만 해도 한 달에 30만원 들어요.
- 자동차만 해도 작년에 비하면 수출이 20% 증가했다.

02 -다가는

앞 문장의 내용과 같은 이미 일어난 사실이 계속되면 뒤 문장의 내용과 같이 원하지 않는 결과를 가져오게 됨을 나타낼 때 쓴다. 보통 뒤 문장에는 바람직하지 못한 내용이 쓰이며 청자를 경계하거나 충고할 때 쓴다. 앞 문장에 '이렇게', '그렇게', '저렇게' 같은 부사어를 같이 쓰면 자연스럽다.

- 시간을 낭비하다가는 후회하게 될 거예요.
- 그렇게 편식하다가는 영양이 부족해 질 거예요.
- 그렇게 놀기만 하다가는 성적이 떨어지기 쉬워.
- 저렇게 계획 없이 살다가는 성공하기 힘들어요.
- 이렇게 돈을 막 쓰다가는 금방 파산할 거예요.

03 에 의하면

뒤 문장에서 어떤 사실을 인용하면서 인용된 내용의 주체를 밝힐 때 쓴다. 뒤에는 인용문이 온다.

- 일기예보에 의하면 곧 장마철이 시작된대요.
- 박 선생님 말씀에 의하면 다음 시험은 좀 어려울 거래요.
- 통계에 의하면 우리나라 초등학생들의 신체 발달 지수가 높아졌대요.
- 외신에 의하면 캘리포니아에서 큰 지진이 일어나 부상자가 많이 발생했대요.
- 신문 기사에 의하면 요즘 주식 값이 자꾸 떨어진대요.

04 -고서는

'행위가 끝난 후 그리고서는'의 뜻으로 앞 문장과 뒤 문장의 행위 사이에는 시간적 선후 관계가 있다. 또한 '앞 문장의 상태를 유지한 그대로'의 의미로 뒤에는 부정형이 오는 것이 자연스럽다.

- 인사만 나누고서는 그냥 헤어졌어요.
- 저녁을 먹고서는 아무 말도 없이 나갔어요.
- 신발을 신고서는 들어갈 수 없어요.
- 하루라도 안 보고서는 견딜 수 없어요.
- 이 일을 다 안 끝내고서는 퇴근할 수 없어요.

05 로 인해

명사에 붙어 어떤 상황이나 일에 대한 원인이나 이유를 나타내며 일반적인 대화보다는 문어체나 격식체에서 쓰인다.

- 과로로 인해 쓰러지는 40대 직장인이 많다.
- 갑자기 추워진 날씨로 인해 거리가 한산해졌습니다.
- 그 사고로 인해 많은 희생자가 발생했대요.
- 지나친 흡연으로 인해 건강을 해치는 경우가 많습니다.
- 이번 정부 발표로 인해 국민들이 안심하게 되었다.

06 에 달려 있다

'어떤 일이나 상태가 무엇에 의존하다', '어떤 것에 좌우되다'의 의미로 쓰인다.

- 이번 일의 성공 여부는 우리들의 노력에 달려 있어요.
- 한국의 미래는 젊은 세대에 달려 있다고 할 수 있어요.
- 오늘 시합은 그 선수의 의지에 달려 있다고 해도 과언이 아니에요.
- 행복은 각자의 마음먹기에 달려 있지요.
- 환경보호는 정부의 노력뿐만 아니라 국민들의 참여 의식에 달려 있어요.

07 -더니[2]

전에 경험하여 알게 된 사실이나 상황과 달라진 새로운 사실이나 상황을 대조적으로 연결할 때 쓴다.

- 이번 주 내내 기분이 우울하더니 오늘은 한결 좋아졌어요.
- 어렸을 때는 말을 잘 듣더니 커서는 안 그래요.
- 3급 때까지는 열심히 공부하더니 요즘은 별로 하지 않아요.
- 전에는 이 집 음식 맛이 아주 좋더니 요즘은 맛이 없어졌어요.
- 아침에는 안개가 많이 끼더니 점점 안개가 걷혀요.

08 -는/은/ㄴ 법이다

동사나 형용사에 붙어서 자연스러운 법칙이나 당연히 그러하거나 또는 그렇게 해야 함을 나타낼 때 쓴다.

- 약속은 꼭 지켜야 하는 법이에요.
- 자기가 맡은 일은 책임을 져야 하는 법입니다.
- 은혜를 입으면 꼭 갚아야 하는 법입니다.
- 남의 떡이 더 커 보이는 법이지.
- 급히 서두르면 실수하기 쉬운 법이야.

듣기 지문

듣기 지문

1과 3항 과제 1 [CD1:07]

남자 저는 무계획이 가장 좋은 계획이라고 생각합니다. 매일 매일 계획을 세운다는 건 피곤한 일이니까요. 우리의 인생이 항상 계획대로만 되는 것은 아니잖아요. 언제 어떤 일이 일어날지 모르는 게 인생이죠. 그러니까 계획을 세운다는 건 오히려 시간 낭비예요. 계획을 세울 시간에 무슨 일이든 하는 게 더 좋을 거라고 생각합니다. 그리고 저는 계획을 세웠다가 계획대로 일이 이루어지지 않으면 더 스트레스를 받습니다. 가끔 계획에 없었던 여유를 가지는 것도 얼마나 좋은지 모릅니다.

여자 저는 항상 계획을 세우고 삽니다. 계획을 세우면 인생의 목적이 분명해지거든요. 계획 없이 인생을 산다는 것은 지도 없이 여행을 하는 것과 같습니다. 정해진 일을 좀 더 효율적으로 빨리 하려면 계획을 세워서 하는 게 좋지요. 지키기 어려운 계획이라도 계획표가 책상에 붙어 있으면 그 일을 해야겠다는 생각을 하게 되고 그래서 결국은 그 일을 하게 되지요. 그리고 계획을 세우면 우리에게 주어진 똑같은 시간에 더 많은 일을 하게 해 줍니다.

1과 4항 과제 2 [CD1:10]

사회자 오늘 인터뷰의 주인공은 일본에서 오신 하나코 씨와 박영재 씨 부부입니다. 안녕하세요?

하나코, 박영재 안녕하세요?

사회자 박영재 씨는 한국분이시죠?

박영재 네

사회자 그런데 머리 스타일이나 외모가 일본 분 같으세요.

박영재 가끔 그런 얘기를 듣습니다. 부부는 닮는다고 하잖아요.

사회자 네, 두 분은 만남부터가 특별했다는데 어디에서 처음 만나셨어요?

하나코 스페인에서 만났어요. 그때 저는 대학을 졸업하고 스페인의 한 호텔 영업부에 근무하고 있었어요.

사회자 박영재 씨는 왜 그 먼 나라까지 가셨나요?

박영재 저는 경제적으로 어려워서 일본에 가서 10년 동안 집짓는 공사장에서 일을 했어요. 그리고 일본 생활을 마치고 잠시 스페인에 갔다가 하나코가 일하던 호텔에 묵게 되었어요. 그곳에서 하나코를 만났는데 5일이라는 짧은 기간이지만 우리는 사랑에 빠졌어요. 그리고 결혼을 하기로 했지요.

사회자 정말 드라마 같은 사랑이네요. 그런데 하나코 씨 아버지께서는 현재 프랑스 주재 일본 대사관에 근무하신다는데 맞나요?

하나코 네, 아버지께서는 30년간 외교관 생활을 하셨어요.

사회자 그렇다면 한국인 남편과 결혼해서 한국에서 산다고 했을 때 부모님께서 반대하지 않으셨어요?

하나코 처음에는 많이 반대하셨어요. 다시는 제 얼굴을 보고 싶지 않다고 하셨지요.

사회자 그런데 어떻게 결혼을 허락하셨죠?

박영재 결혼 전에 장모님께서 저에게 전화를 하셨는데 그때 제가 용기를 내서 하나코를 저에게 시집보내 주시면 제가 하나코를 세상 누구보다 행복하게 해 주겠다고 말씀드렸어요. 그 후에 허락해 주시더군요.

사회자 아, 그랬군요. 사랑의 힘으로 부모님의 반대를 이기셨군요. 하나코 씨는 혹시 이 기회를 통해 부모님께 하고 싶은 말은 없으세요?

하나코 결혼하기 전 아버지께서 스스로의 선택에 후회하지 않도록 열심히 살아야 한다고 하셨어요. 그래서 매일 매일 부모님을 생각하며 열심히 살고 있으니까 앞으로도 저희들을 계속 지켜봐 주세요.

사회자 네, 오늘은 부모님의 반대를 이겨내고 사랑을 이룬 박영재 씨와 하나코 씨 부부의 이야기였습니다. 지금까지 함께 해 주신 두 분께 진심으로 감사드리며 오늘 인터뷰는 여기서 마치겠습니다. 여러분 안녕히 계십시오.

듣기 지문

2과 4항 과제 2 [CD1:19]

[1] 최근 미국 시카고 대학이 소극적인 쥐와 적극적인 쥐를 대상으로 성격과 암과의 관계를 연구했습니다. 그 결과, 어려서부터 새로운 것을 두려워하던 쥐의 경우 모험심이 강한 쥐에 비해 암이 생길 위험이 2배 이상 높았습니다. 이렇게 성격이 정신건강은 물론이고 몸 건강에까지도 영향을 줄 수 있다고 합니다.

[2] 성격이 너무 외향적이거나 예민한 사람들이 암에 잘 걸린다는 일부 학자들의 말이 사실이 아닌 것으로 밝혀졌습니다. 덴마크의 한 암 연구소의 조사 결과에 따르면, 외향적이거나 예민한 성격의 사람들이 다른 사람에 비해 암이 더 잘 생기지는 않았다고 합니다.

[3] 평소 수줍음을 잘 타는 남자는 심장마비와 뇌졸중의 위험이 높다는 연구 결과가 나왔습니다. 미국의 한 대학 연구팀의 조사 결과에 따르면, 수줍음이 많아 사람들과 잘 어울리지 않는 남성은 외향적이고 사교성이 좋은 남성에 비해 심장마비나 뇌졸중의 위험이 더 높은 것으로 나타났습니다. 수줍음이 많은 성격은 낯선 상황에서 다른 사람보다 스트레스를 많이 받고, 모임에도 잘 나가지 않아서 몸을 움직이지 않고 집에서 보내는 시간이 많기 때문이라고 합니다.

[4] 우리는 보통 꼼꼼한 성격이 암에 더 잘 걸린다고 생각해 왔지요? 그러나 유방 암을 가지고 조사를 해 보니 암과 성격은 아무 관계가 없다는 연구 결과가 나왔습니다. 네덜란드의 한 병원 연구팀 조사 결과에 따르면, 우울증이나 불안증이 있다고 해서 유방암이 생길 위험이 더 높지는 않은 것으로 나타났습니다.

[5] 보통 느긋하고 낙천적인 사람들 중에는 살찐 사람이 많고, 예민한 사람들 중에는 마른 사람이 많다고 말하지요. 이 이야기가 과학적으로도 사실인 것으로 나타났습니다. 일본의 한 대학 연구팀 조사 결과에 따르면, 외향적인 사람이 내성적인 사람보다 살찔 가능성이 거의 두 배 정도 높았다고 합니다.

3과 4항 과제 2 [CD1:28]

[1]

남자 지난 토요일에 새 하숙집으로 이사한다고 했는데 이사는 잘 했어? 못 도와줘서 미안해.

여자 아니야, 괜찮아. 너 바쁜 것 다 아는데 뭐. 다른 친구들이 도와줘서 편하게 이사했어.

남자 새로 이사 간 집은 어때? 지난 번 하숙집보다 좋아?

여자 글쎄, 아직 며칠 안 돼서 잘 모르겠지만, 하숙집 근처에 술집이 많아서 그런지 밤에 너무 시끄러워.

남자 그래서 내가 아무리 바빠도 집을 구할 때는 직접 그 집에 가서 방은 어둡지 않은지, 혹시 부서진 곳은 없는지, 집 주변은 어떤지 꼭 살펴봐야 한다고 했잖아.

여자 그러게 말이야. 바빠서 직접 가 보지 않고 계약한 게 정말 후회가 돼.

[2]

남자 이사한 지 얼마 안 됐는데 다른 오피스텔로 또 이사하기로 했다면서요?

여자 네, 다니던 회사가 강남으로 이사를 가게 돼서 그 근처로 옮기려고요.

남자 그러세요? 그럼, 언제 이사하시는데요?

여자 아직 그걸 잘 모르겠어요. 지난번에 살던 오피스텔 집주인과 집세 문제로 다투고 있어서 아직 이사 날짜를 못 잡고 있어요.

남자 무슨 문제인데요?

여자 저는 집세를 밀린 적이 없는데 집주인은 두 달 치가 밀렸다는 거예요. 그래서 제가 집세를 넣는 통장을 확인해 봤는데 정말 두 달이 비어 있더군요. 가만히 생각해 보니까 제가 그 때 통장으로 돈을 넣지 않고 집 주인에게 직접 주었던 거예요.

남자 그럼, 집 주인에게 집세를 주면서 영수증 같은 것을 안 받아 놓았어요?

여자 안 받았지요. 집 주인이 아주 친절하고 동네에서도 자주 만나니까 믿었지요. 정말 어떻게 하지요?

듣기 지문

[3]

여자 혹시 잘 아는 변호사 있어요?

남자 아니, 왜요? 무슨 문제라도 생겼어요?

여자 네, 제가 얼마 전에 오피스텔로 이사를 갔는데 이사 간 지 한 달도 안 돼서 웬 사람이 저희 집으로 이사를 온다는 거예요.

남자 무슨 말이에요? 살고 있는 사람이 있는데 또 다른 사람이 들어오다니요?

여자 저도 놀라서 이게 어찌된 일이냐고 하니까 그 사람이 자기가 얼마 전에 집주인하고 오피스텔 월세 계약을 했다는 거예요. 그러면서 저한테 계약서도 보여주더군요.

남자 그럼, 집 주인이 이중 계약을 한 거예요?

여자 저도 처음엔 그런 줄 알았어요. 그래서 부동산 중개업소에 전화를 했지요. 그런데 전화를 안 받아요.

남자 전화를 안 받다니요?

여자 부동산 중개인이 집 주인 대신 저와 계약하고는 제 전세금을 갖고 도망간 거예요. 피해를 본 사람이 저 뿐만이 아니더군요.

남자 집 주인과 직접 계약하지 않으셨어요?

여자 네, 부동산 중개인이 어디론가 전화를 하더니 오늘 집 주인이 바쁘다고 하니까 자기가 대신 계약을 하겠대요. 그러면서 주인 도장이랑 서류를 다 꺼내 놓는 거예요. 그래서 그렇게 하자고 했지요. 저 정말 바보 같죠? 이제 어떻게 하면 좋아요?

3과 5항 듣고 말하기 [CD1:29]

[1] 저는 얼마 전 이 아파트로 이사 와서 살고 있는데, 제 방 바로 위에 윗집의 에어컨 실외기가 달려 있어서 너무 시끄럽습니다. 낮에는 그런대로 참을 만한데 밤에는 에어컨 소리 때문에 잠을 잘 수가 없습니다. 윗집에 얘기를 해 봤지만 전에 살던 사람은 아무 얘기가 없었는데, 왜 유난히 그러냐고 오히려 저에게 화를 냈습니다. 어떻게 하면 좋을지 모르겠어요.

[2] 저희 동네는 연립주택이 많아서 동네 주민들이 주차 문제 때문에 싸움이 많은 곳입니다. 차는 많은데 주차할 곳이 모자라기 때문에 그래요. 저도 그런 걸 아니까 저희 집 대문 앞에 가끔 다른 사람이 주차를 해 놓아도□주차할 곳이 별로 없으니 여기에 세웠나 보다□하고 그냥 참고 넘어갔어요. 그런데 얼마 전부터 새로 이사 온 옆집 사람이 저희 집 대문 앞에 항상 차를 세워 놓아요. 몇 번은 참았는데 매일 그러다 보니 다니기가 불편하기도 하고 지나다닐 때마다 차의 먼지가 옷에 묻기도 해서 아주 신경이 쓰입니다. 어떻게 하면 좋을지 걱정입니다.

[3] 얼마 전 저희 옆집으로 유명한 연예인이 이사를 왔습니다. 처음에는 연예인이 옆집으로 이사를 온다고 해서 좋아했지요. 그런데 연예인이 이사 온 다음 날부터 낮이고 밤이고 여학생들이 집 앞에 모여 들어 시끄러워서 살 수가 없어요. 그리고 담벼락 여기저기에 연예인 이름과 그림으로 낙서를 해 놓아서 얼마나 지저분한지 모릅니다. 어떻게 하면 좋을까요?

4과 2항 과제 2의 1) [CD1:34]

한국남자 오늘은 여러 나라의 음식 문화에 대해 이야기해 보려고 합니다. 음식의 재료나 조리법이 나라마다 다르지요? 한국은 떡이나 국수, 두부, 식혜 등 곡물을 이용한 조리법이 많이 발달했습니다. 그리고 된장과 간장 같은 저장식품이 발달했지요. 한약에서 약의 재료로 사용하는 것을 음식에 이용해서 건강을 생각하기도 하고요. 일본은 음식 재료나 요리 방식이 한국과 많이 다릅니까?

일본여자 비슷한 부분도 있고 다른 부분도 있어요. 일본 요리는 다시마나 맛술 등 천연 조미료로 맛을 내지요. 그리고 음식 재료의 자연 그대로의 모양과 색을 살려서 요리하려고 해요.

듣기 지문

중국남자 중국은 녹말을 사용해서 요리하는 음식이 많고 대부분이 기름에 튀기거나 볶는 음식입니다. 그리고 조리 기구도 간단하지요. 하지만 여러 가지 재료를 함께 사용하고 장식을 하기 때문에 시각적으로 아주 화려해요.

프랑스 여자 프랑스는 소스의 종류가 다양하고 포도주하고 치즈, 빵 등이 발달했어요. 그리고 지방에 따라 특색이 있는 요리를 발전시켰지요. 프랑스 요리도 시각적 효과를 중요하게 생각해요.

4과 2항 과제 2의 2) [CD1:34]

한국남자 그럼, 다음으로 각 나라의 음식 문화와 식사 예절에 대해 얘기해 보도록 하겠습니다. 한국은 음식이 처음부터 다 한 상에 차려져 나옵니다. 요즘은 가족들이 식사하면서 대화를 하지만 전통적으로 식사 시간에 큰 소리로 얘기를 하거나 시끄럽게 하지 않았습니다. 그리고 아침을 중요하게 생각해서 잘 먹어야 한다고 했습니다. 일본은 어때요?

일본여자 한국에서는 밥그릇이나 국그릇을 들고 먹으면 안 되지만, 일본에서는 밥그릇은 왼손에 들고 젓가락으로 밥을 먹고, 국그릇은 양손으로 들어서 입에 대고 국물을 마셔요. 또 일본은 생선을 많이 먹는데 생선을 먹을 때는 머리 쪽에서 꼬리 쪽으로 먹어야 해요.

중국남자 중국은 큰 접시에 나온 음식을 여러 사람이 나눠 먹습니다. 숟가락은 국물이 있는 탕을 먹을 때 사용하고 다른 음식이나 밥, 국수를 먹을 때는 젓가락을 사용합니다. 손님을 초대했을 경우에는 그 날의 가장 중요한 손님을 안쪽에 앉히고 주인은 문 쪽에 앉는 것이 예의입니다.

프랑스 여자 프랑스에서는 식사 시간을 중요하게 생각해서 한국과 달리 대화를 많이 하면서 식사를 즐기지요. 그리고 아침은 간단히 먹지만 점심과 저녁을 중요하게 생각해요. 그래서 공식적으로 점심시간이 12시부터 2시까지예요.

4과 4항 과제 2 [CD1:39]

[1] 저는 보통 주말에 평소에 만날 수 없었던 사람들을 만나며 시간을 보냅니다. 저는 단독 주택에 사는데 주말에 자주 바비큐 파티를 열지요. 초대받은 사람들이 손님을 더 데려와서 보통 10명 정도 모여요. 파티 비용은 참석자들끼리 각자 나눠 내고요. 집에서 이런 모임을 열면 처음 만난 사이라도 금방 친해지고 깊은 얘기를 나누게 됩니다. 밖에서 만나는 것과 느낌이 다르니까요. 직장에서 날마다 똑같은 사람들과 똑같은 일만 하다가 이런 파티를 통해 여러 사람들을 만나면 스트레스가 많이 풀려요.

[2] 저는 고객들을 많이 만나야 하는 직업이라서 주말에는 오히려 저 자신만을 위한 시간을 가지려고 노력하는 편입니다. 오전에는 서점에 가서 책을 둘러보고 오후에는 1년 전부터 드럼을 배우고 있어요. 악기를 연주하면서 집중하다 보면 주중에 회사에서 있었던 마음 불편했던 일들을 잊어버리게 됩니다.

[3] 저는 재테크에 관심이 많아서 주말마다 백화점 문화센터에 가서 투자 관련 강좌를 들어요. 주말은 자기 계발을 할 수 있는 소중한 시간이라고 생각해요. 주말에 집에서 휴식을 취하는 것도 재충전을 위해 좋겠지만 저는 그보다 자신의 능력을 좀 더 계발시키기 위해 주말 시간을 활용하는 것이 좋다고 생각합니다.

[4] 저는 운동을 아주 좋아해서 철인 3종 경기를 하고 있습니다. 아시겠지만 이 운동은 수영과 사이클, 그리고 마라톤까지 해야 하는 운동이라서 좀 힘들지요. 하지만 경기를 다 끝냈을 때의 기쁨은 뭐라고 말할 수 없을 정도로 큽니다. 그리고 운동은 체력 관리까지 할 수 있어서 건강을 챙길 수 있으니까 좋습니다.

듣기 지문

5과 3항 과제 2 [CD1:46]

사회자 요즘 길에 다니다 보면 무인 감시 카메라가 많이 설치되어 있는 것을 볼 수 있습니다. 오늘은 무인 감시 카메라 설치에 대한 찬반 토론을 하도록 하겠습니다. 먼저 무인 감시 카메라 설치에 찬성하시는 쪽의 의견부터 듣겠습니다.

남자 저는 무인 감시 카메라 설치에 찬성합니다. 무인 감시 카메라는 무엇보다도 범죄 예방에 아주 효과적이라고 생각합니다.

사회자 그럼, 반대하시는 쪽의 의견을 들어 보죠.

여자 앞서 말씀하신 것처럼 무인 감시 카메라의 목적이 범죄 예방에 있기 때문에 범죄를 줄일 수는 있을 거예요. 하지만 그로 인한 사생활 침해는 어떻게 해야 합니까? 무인 감시 카메라는 우리의 행동 하나 하나를 감시합니다. 만약 엘리베이터에서 거울을 보고 화장을 고치거나 머리를 다듬고 있는데 누군가 그 모습을 보고 있다면 얼마나 기분이 나쁘겠습니까?

남자 그렇긴 하지만 목숨이나 재산이 중요한지 아니면 인권 침해가 중요한지 생각해 봐야 할 겁니다. 물론 저는 인권 침해보다는 목숨이 더 중요하다고 생각합니다. 생명이나 재산을 잃은 후에 인권을 지켜봐야 무슨 소용이 있겠습니까?

여자 감시 카메라가 실제로 범죄 예방에 효과가 있는지는 아직 의문이 있습니다.

남자 아닙니다. 지난 번 경기도 여성 납치 살인 사건의 범인을 잡은 것도 감시 카메라 덕분이었습니다. 감시 카메라가 범인을 잡고 범죄를 예방할 수 있다는 것은 부인할 수 없는 사실이지요.

여자 하지만 감시 카메라가 지나치게 많은 건 문제가 있습니다. 세계에서 감시 카메라가 가장 많은 영국 런던에서는 시민들이 하루에 200번에서 300번씩 감시 카메라에 찍힌다고 합니다. 그래서야 어디 자유롭게 다닐 수 있겠습니까? 그리고 감시 카메라가 본래의 목적과 다르게 악용되는 것도 큰 문제지요.

남자 맞습니다. 하지만 감시 카메라가 본래의 목적과 다르게 악용된다고 해서 감시 카메라를 설치하는 것에 반대할 수는 없습니다. 그 문제는 관리의 문제라고 봅니다. 다시 말해서 감시 카메라 녹화 화면이 본래의 목적이 아닌 다른 목적으로 악용되지 않도록 관리하고 그걸 어기는 사람을 처벌한다면 그런 경우가 줄 거라고 생각합니다.

사회자 아, 네. 두 분의 의견 잘 들었습니다. 그러면 다른 분들은 어떻게 생각하십니까?

색인

- 문법 색인
- 어휘 색인

문법색인

어휘 색인

Y O N S E I K O R E A N 4

ㄷ

ㅁ

ㅂ